未来をつくる小学生

～震災が問いかけた都路の学校と地域～

根内 喜代重

まえがき

二〇二〇年（令和二年）二月十一日（火）、「最高賞のグランプリに輝いた田村市の都路小『MM7（エムエムセブン）』（活動部門）」の記事が「福島民報」の一面に掲載された。

二月九日（日）に行われた「小中学生まちづくり大賞（ふくしまジュニアチャレンジ）表彰式」の報道であり、「キュウリジャム販路拡大後押し　JA福島五連」の小見出しとともに、「県内一円のJA直売所での取り扱いを視野に入れている」とある。関連記事として、『MM7』は、東京電力福島第一原発事故の影響で一時、避難区域が設定された田村市都路町の都路小六年生七人でつくる。古里に活気を取り戻そうと、全国各地に出向いた体験を熱っぽく語った」とも記載されている。

このキュウリジャムは、二〇一五年度（平成二十七年）に、当時の五年生が開発・商品化し、二〇一七年度（平成二十九年）からは二代目の五年生が継承し、二〇一九年度（平成三十一年）

に六年生となった児童が三代目として活動を引き継いだのである。児童の発達段階や公立学校における教育課程の編成、教職員の人事異動などを考えると、販売まで漕ぎつけ、何年間も継続していくことは決して簡単なことではなかったはずである。

なぜ、小学生がキュウリジャムを開発することになり、どのようにして商品化し、地域に元気を発信していったのだろうか。「続けていく」原動力となったものは、何なのか。だれのどのような思いや願い、苦労や努力、支援や協力があったのか。さまざまな課題解決の過程には、そこに関わった者たちの数々の葛藤とともに、それを乗り越えた者にしか味わえない喜びや成就感も得られたに違いない。

「都路キュウリマン（キュウリジャム）」とともに自らも成長していった子どもたち、学級担任の関根理子教諭をはじめ、熱意をもって真摯に指導にあたった教職員、あたたかく寄り添いながら惜しみない応援を続けた保護者や自らを校下民と称する地域住民、都路町商工会をはじめとする多くの関係者からは、共に何かを乗り越えていこうという思いが感じ取れる。「子どもたちのために」とか、「都路のために」といった一括りにできるようなものではなく、都路という場所で学校教育とかかわりながら、それぞれが自らの生き方を模索していたのではないだろうか。

そこには、当事者たちの意識の有無にかかわらず、それぞれが抱える震災体験が少なからず関わっているように思える。

先の見えない避難生活の中で、一人一人は、何を感じ、考えたのか。子どもの学びを保障するために知恵を絞り、行動した関係者たちは、何を願ったのか。本来の校舎で再開した古道小学校は、どのような教育を目指したのか。

そして、子どもたちは、都路が好きだと言う。自分たちが地域の力になると言う。地域を元気にしたいと果敢に行動する子どもたちと、その学びの場と機会を提供するために奔走する大人たちの姿を通して、震災が学校や地域に何を問いかけたのかを改めて振り返ってみたい。

目次

第四章　私たちが地域の力になる

第五章　進化する都路キュウリマン

第一章　学びの場を求めて

一　3・11の悲劇

あの日のことは今でもはっきり覚えている。私の大好きなお弁当の日。私の好きなものがいっぱい入ったお弁当を食べたこと。友だちと体育館で遊んでいたら、突然地震が起きたこと。先生に「外に出て」と言われ、訳のわからないまま外に出たこと。バスの中に避難していたこと。友だちはみんな泣いていたこと。お母さんが迎えに来てくれるまで不安だったこと。

お兄ちゃんと下校するために、三年教室の前で待っていた。そのとき、まわりのものがどんどん落ちていって、とても恐くて、私は泣いてしまいました。今でも、少し大きい地震でも恐くなってしまうことがあります。お父さんは市役所で働いているので、二週間くらい会うことができませんでした。

平成二十七年（二〇一五）一月二十日、古道小学校の五年児童（震災当時一年生）は、地震

発生当時についてこのように回想している。（注1）四年の月日が流れようとしている時期にあっても、「あの日のこと」は鮮明に記憶されていた。

地震発生翌日（平成二十三年三月十二日）の朝、田村市教育委員会（以下、「教育委員会」）の地震被害状況調査班の一つが都路町へ向かった。

古道小学校へ到着すると、体育館内は避難者で満杯に埋まり、歩くのも困難な状況であった。その中で懸命に食事などの世話にあたる都路住民の姿があった。数時間後には自分たちが避難者になるなど、考える余裕も情報も持ち合わせてはいなかったが、誰からともなく伝わってくる恐怖を覚える話や避難者の表情・言動などから、大熊町の方では何か大変なことが起こっているに違いないという一抹の不安も感じていた。

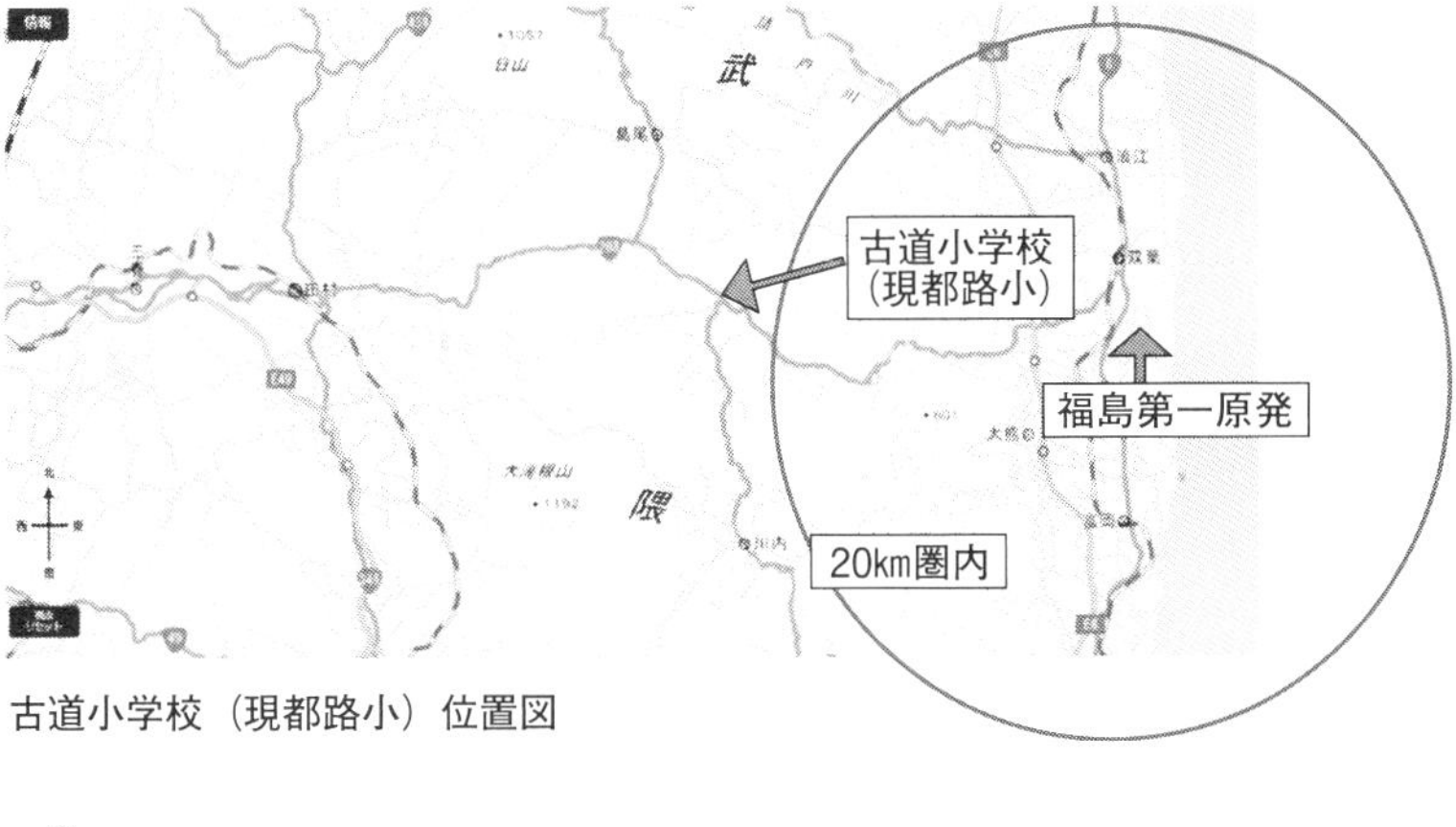

古道小学校（現都路小）位置図

三月十一日の夜、地震への恐怖心から自宅近くのビニールハウスに家族で寝たという住民の一人は、夜中に聞きなれない車両音に気づいて目を覚まし、都路大橋を臨むと、見慣れない車両が大熊町方面へ続々と走行しており、それは戦車のように見えて、とても不気味だったという。そうした思いを整理する時間も得られないままに、朝方の避難者受け入れから昼食の炊き出しや夕食の準備まで、休む間もなく支援にあたった。

被害状況調査を進める中で、避難者と同行していた大熊町の責任者へ「何があったのか」を尋ねたが、詳細を語ろうとはしなかったし、語ってはいけないという雰囲気が感じ取れた。電話を貸してほしいというので、体育館から校舎へ案内する途中に、もう一度「何があったのか」を尋ねたところ、「もう、だめですね。終わりです」と、投げ捨てるように呟いた。すかさず、「何が終わりなんですか」と投げかけたが、それ以上の言葉を発することはなかった。

校庭に目を向けると、斜面が高さ二十メートル、幅三十メートルほどにわたって崩れ落ち、のぼり棒の高さ半分ほどが土砂に埋もれていた。この情景は、一枚の写真のようにずっと脳裏に残っている。

その斜面の高台にある都路中学校へ足を運ぶと、校舎前駐車場の右奥の崖が約五十メートルにわたって陥没していた。街並みを臨むと、民家の屋根瓦が落ちるなど大地震であったことを感じさせるものの、後に報道等で知ることになる東日本大震災の被害全容からすれば、幸いなことに十分に復興できる程度のものであった。

被害状況の調査報告をもとに、学校現場の対応について協議し、明後日（十四日・月曜日）を臨時休業とする通知文を午後三時五十五分に田村市の保育所、こども園、幼稚園、小・中学校及び私立わかくさ幼稚園へ発出した。

臨時休業は、三月十三日（日）午後六時三十分の防災無線放送で三月十五日（火）が加わり、三月十四日付けの緊急通知にて、三月十八日（金）まで期間延長となった。こども園及び幼稚園の卒園式は延期すること、小学校卒業式を状況によって取りやめる場合があること、通勤が困難な教職員は年休を取得すること、可能な範囲で授業再開の準備を進めること、二十二日（火）は弁当の日とすることなどが併せて周知された。

一方、都路町住民の避難については、三月十二日（土）の午後三時三十六分に東京電力第一原子力発電所一号機で水素爆発が起こり、午後六時二十五分に都路町東部を含む二十㎞圏内住民に政府から避難指示が出された。三月十三日零時をもって、各路線の境界には検問所が設けられ、立ち入ることが許されない警戒区域となったのである。二十km圏外の住民も自主的に避難を始めるなど、不安は刻々と高まり、田村市は都路町全体の避難指示の判断にも迫られていた。避難場所（学校体育館等）や大型バス及び運転手の確保などを進めながら、判断に必要な情報収集に奔走したが、政府からの指示や関係情報は皆無に等しかった。午後八時十分、田村市長は市独自で都路町へ全町避難の指示を出した。苦渋の判断であった。

「避難者を乗せた最後のバスが出発しました。これから我々も都路行政局の鍵を閉めて避難します」と、赤石沢晶都路公民館長が教育委員会学校教育課へ電話連絡したのは、その日の午後十時三十七分であった。三月十三日（日）、午前四時七分に田村市教育委員会教育長（以下、「教育長」）へ報告があった避難状況一覧によると、十三日（日）の零時五分に生物飼育者や高齢者等の希望者三十三名を残し、避難が完了したとある。

この時点で、田村市には、二十一箇所の避難所に八、六三六名が避難していたが、うち都路町住民は、一、八九一名（船引中学校一、一一一名、船引小学校五六〇名、総合福祉センター二〇〇名、船引南小学校二二〇名）であり、市内他町の避難者は八十六名であった。

なお、船引小学校と船引中学校の避難者は、三月十四日（月）正午から田村西部工業団地にあるデンソー東日本工場へ移動することとなり、その多くが都路町住民であった。工場内は、開業に必要な機械設備設置の直前であったことが幸いし、仕切りのない倉庫のような状態であり、多くの避難者を受け入れることができたが、コンクリート床にブルーシートや毛布を敷いての就寝は寒さと虚しさが芯から沁みてきた。食事は、船引町の支援者等からの「おにぎり」や支援物資として届いたパンが主であった。その後、避難所での炊飯が始まり、温かい食事も叶うようになったが、ブルーシートで仕切られた程度の居住空間や毛布等で暖をとる生活に変わりはなかった。いつ帰還できるとも分からない中で、苦悩を共にする者たちで支え合いながら耐え忍ぶ日々が続いた。

三月十四日（月）、午前十一時〇一分、第一原発三号機で

〔避難所となったデンソー東日本工場（榛葉雅男氏提供）〕

水素爆発が起こった。十五日（火）六時十四分には第一原発二号機の原子炉下部で爆発が起こり、続いて第一原発四号機が爆発した。四月一日の持ち回り閣議で「東日本大震災」と名付けられたこの未曽有の震災は、都路町の子どもたちの少なくとも三年一カ月に及ぶ避難生活を余儀なくするとともに、都路町の未来を大きく変えることになった。

二　避難所の特別室

震災発生前日の平成二十三年三月十日現在の児童生徒数は、古道小学校九十九名、岩井沢小学校五十一名、都路中学校七十七名、都路こども園二十三名（四歳児十二名、五歳児二十一名）であった。

学びの場を確保するために、三月十四日（月）午前八時三十分、都路中学校区教育活動検討会議が教育委員会事務局（大越行政局大会議室）で行われた。

主な内容は、園児及び児童生徒の避難状況の調査と授業再開についてであり、高校入試の合格発表が中止となったことも確認された。

このときに教育長（佐藤彦一）の指示にあった「子どもは学ぶことで安定するのだから、学習の場が必要である」という言葉が強く印象に残っている。このような状況下にあって「学ぶことで安定する」という言葉は想定外であったが、後日、そのことを証明する現実を見ることになる。

会議後の調査に参加した教職員は、古道小十三名全員、岩井沢小十二名全員、岩井沢幼稚園一名、都路中はガソリン不足で出勤できない教職員が多く、四名であった。避難所を回りながら児童生徒等を確認し、聞き取りを行うとともに、三月十六日（水）から授業を再開すること、校舎は、古道小・岩井沢小・都路中が船引中学校、都路こども園・岩井沢幼稚園が芦沢幼稚園を利用すること、高校入試の合格発表が中止となったことなどを伝達した。

正午過ぎからは、船引中学校において、学校再開に向けての教室配当まで確認したが、市立小・中学校が三月二十三日（水）まで臨時休業となり、卒業式・修了式は行わないことなどが通知された(注2)ため、船引中学校を仮校舎とした学びの実現には至らなかった。

それでも、学びの場所づくりに向けた動きを止める訳にはいかない。子どもと地域の未来を守るためには、どんなことがあっても、早急に教育活動を展開する必要があった。

この頃、避難者の所在地は日々変動しており、動向把握には苦慮したが、未確認者はなかった。三月二十日（日）午前十一時現在の都路地区各学校の避難状況は、次のとおりである。

古道小学校　全体　九九名：自宅二名、市内二五名、県内　六一名、県外一一名

岩井沢小学校全体　五一名：自宅〇名、市内一九名、県内　二九名、県外　三名

都路中学校　全体　七七名：自宅二名、市内二七名、県内　四三名、県外　五名

都路こども園全体　三三名：自宅二名、市内一二名、県内　一三名、県外　六名

岩井沢幼稚園全体　　五名：自宅〇名、市内　二名、県内　三名、県外　〇名

〈合　計〉全体二六五名：自宅六名、市内八五名、県内一四九名、県外二五名

なお、田村市全体としては、在籍数三、八一〇名のうち、確認数は三、八〇一名であり、そのうち四一・三％が市外へ移動している状況であった。

このことをふまえて、三月二十一日（月）、教育委員会事務局内（大越行政局第一会議室）において、都路地区の学校再開について話し合われた。避難指示解除の時期や範囲を想定しながら、出席者全員がそれぞれの立場から考えられる対策について意見を述べた。教育長からは、学校再開に向けた新年度の準備は当然のこととして、児童生徒等の心のケアを行うこと、授業再開に夢をもたせるために学習支援を行うこと、そのために学習室を確保し、問題集等を作成

すること、可能な限り保護者と連絡を取り家庭学習をさせることとの指示があった。

この時点の調査で、市内八箇所の避難所には、他町村を含めて一八五名の児童生徒がいたが、すべての児童生徒へ分け隔てなく学習用具や問題集（小学生：国語・算数、中学生：国語・数学）を準備することを確認し、期間は、三月二十二日（火）〜二十五日（金）の四日間とした。

日常の生活もままならない状況下で、子どもたちは勉強ができるのだろうか、避難者の居場所も十分に確保できない中で、学習支援室のスペースを空けていただけるのだろうかといった不安の声も囁かれたが、早速、学習支援実施案や問題集・解答編の作成、鉛筆、ノート、消しゴム、採点ペン、鉛筆削りなどの準備を手分けして行い、学習支援室を準備するため、各避難所へ向かった。

旧春山小学校の校舎へ入ると、教室だけでなく、廊下にも段ボールなどで仕切られた居住スペースが作られており、そこで過ごす避難者の姿が見えた。校舎内には、三八四名の避難者と市の担当者数名が滞在しており、うち児童生徒は十三名（小一〜中三）であった。全体の状況を見て回った後、担当者と避難者のみなさんへ学習支援を行うことの理解を求めた。一瞬、どこにそんな場所があるんだ、こんな時に勉強ができるのかと言わんばかりの怪訝な表情を見せた方もいた。この状況を考えれば、当然の思いであるが、結果的には、使用していた机や椅子、スペースを快く提供していただき、二階フロアに学習支援室を設置することができた。机と椅子が揃ったこの空間は、避難所の特別室となった。未来を担う子どもという存在の凄さ、そこに期待を寄せる大人たちの思いが強く伝わってきた。

次の日の午前九時に教育委員会を出発し、旧春山小学校の学習支援室へ到着すると、数名の子どもたちがちょっぴり誇らしげな笑顔で席に着いていた。学習用具と問題集を配ると、貪りつくように勉強を始めた。想像を超える取組状況であり、持参していた問題用紙は残り数枚になっていた。そこには、まさしく学ぶことで安定する子どもの姿があった。言葉なんかいらない。この姿こそが、避難者たちの明日へ向かう思いを鼓舞するのだ。教育長の指示に改めて感服するとともに、なぜか涙が込み上げてきた。

また、この学習支援室の先生の役割は、生活を共にしていた大熊中学校の女子生徒二名にお願いした。余談ではあるが、この一人が中学三年生であったため、高校入試の合格発表のことや入学手続きなどについて相談を受けることになった。中学校の担任教師とも連絡がつかず、合否も分からず、まったく先の見えない状況に陥っていたのである。可能な限りの情報提供等を行うとともに、高校は管轄外であるとする大熊町職員へも問い合わせ等の救済支援を再三求めた。数日後、高校へ入学できる旨の知らせを受け、安堵する中学生たちと喜びを共にした。

なお、デンソー東日本工場に避難していた三十五名の児童生徒には、避難者の厚意によって第一会議室が提供され、都路地区小・中学校の教職員を中心に二十一日から学習支援が始まった。旧石森小学校校舎に避難していた二十九名の児童生徒は、社会福祉協議会の学習ボランティアが支援にあたるなど、それぞれの避難所において学習支援が開始されたのである。

教育委員会へ戻ると、忙しく問題集作成に取り組む吉田勇指導主事の姿が、どことなく誇らしげであり、充実感に包まれているように見えた。

三　教育活動再開への模索

三月二十二日（火）午後二時、教育委員会事務局の打ち合わせにおいて、古道小学校と岩井沢小学校は船引小学校、都路中学校は船引中学校に職員室を設置することとした。また、保護者からの問い合わせに対しては、学校再開の準備はできているので安心してほしいこと及び他市町村児童生徒等も弾力的に受け入れる旨を確実に伝えるよう指示があった。そこには、安心できる学びの場を確保し、児童生徒の流出を最小限に留めなければ田村市の未来はないという強い危機感が感じられた。

三月二十四日（水）、田村市臨時小中学校長会議において、地震被害及び市の取組状況とともに、学校再開に向けた今後の方向性について説明があった。翌日には、小・中学校長へ「三月三十一日（木）に卒業証書授与式、四月六日（水）に入学式を行う予定であること」が周知された。

三月二十九日（火）に旧石森小校舎の避難者二〇六名全員が田村市総合体育館などへ移動し、校舎使用可能であることが確認できたため、三月三十日付で、仮校舎を都路こども園と岩井沢幼稚園は芦沢幼稚園、古道小学校と岩井沢小学校は旧石森小学校、都路中学校は常葉中学校へ併設して学校再開することを、保護者のみならず、都路町民へも文書で知らせた。併せて、災害本部ホームページに掲載し、市内外の避難者・関係者へ発信した。

これで、学校再開の見通しが具体化されたが、解決しなければならない重要な課題が、もう一つあった。スクールバス運行のルート設定である。一人でも多くの子どもたちに通学してほしいというのは関係者共通の強い願いであるが、児童生徒や保護者の負担加重を懸念し、避難先から仮校舎までを片道一時間以内に選定することとした。

そのため、仮校舎着を八時十五分までとし、一号車は郡山駅（東口）、二号車は三春駅、五号車は旧山根小学校前を午前七時始発とした。三号車は避難所（デンソー東日本工場）発、四号車については園児用とし、発達段階及び健康管理をふまえて市内のみの運行とした。停留所は、三春町役場、船引駅、船引公民館、常葉行政局としたが、小学校（船引町）と中学校（常葉町）の仮校舎が離れていたことにより、児童生徒の避難所での相互乗り換えや各停留所での待ち時間の短縮などが求められたため、各号車の運行ルートは複雑化し、運転手の心労も少なくなかったはずである。試走の際には、舞木駅など少しでも多くの停留所を設定して保護者の便宜を図ろうと試みたが、これが限界であった。

こうして、四月六日（水）、都路地区の小・中学校は、仮校舎での教育をスタートさせた。

この日の在籍数及び出席人数、スクールバス利用対象人数は、【別表一】のとおりである。

ただし、スクールバス利用対象児童生徒のうち、各校十名程度は、保護者等の送迎による通学が続いていたとともに、四月七日から十一日の間に全く登校していない児童生徒が、古道小七名、岩井沢小九名、都路中二名おり、居住地や生活基盤が安定していない家庭が少なくなかっ

【別表二】（平成二十三年四月六日の入学式・始業式）

学校名	在籍数（名）	出席人数（名）	スクールバス利用対象人数（名）
古道小学校	九七	九二	七四
岩井沢小学校	四九	四〇	三二
都路中学校	六四	六四	五四

た。都路こども園（幼児教育部）・岩井沢幼稚園は、四月十一日（月）に芦沢幼稚園で入園式を行った。当日の出席園児数は定かでないが、都路こども園の在籍園児数（五月一日現在）は、四歳児十名、五歳児九名であった。

なお、デンソー東日本工場の避難所が四月八日（金）に閉鎖され、避難者は旧春山小学校校舎へ移動したため、スクールバスの停留所も、四月十一日（月）からは、そこに変更された。

この仮校舎と通学手段の確保による学びの保障は、三年後の学校再開時に、避難となった他町村の学校には類を見ない高い帰還率につながった一因と言える。

なお、この年の八月十五日（月）に都路中学校は、間借り状態であった常葉中学校校舎から旧春山小学校校舎へ移転した。旧春山小学校校舎では、四月二十七日（水）現在、都路町住民のみ二七八名が避難生活を送っていた。避難所としては最終の場所であり、都路町への帰還時期や条件整備などの諸問題が残されていたため、退所に至るまでは容易ではなかった。この時にも、地域の未来そのものである子どもたちが、避難者たちの心を動かす大きな原動力となったことを強く感じた。

四　仮校舎での学び

仮校舎となった旧石森小学校（田村市船引町）は、平成二十一年度をもって児童数の減少から閉校となっていたが、平成十四年に校舎改築されたことから比較的新しくきれいな状態であった。このことは、平成二十年八月完成の新しい校舎で学んでいたうえに、先の見えない避難生活を強いられ、不安を抱えながら疲労困憊の状況であった子どもたちや保護者にとっては救いであった。

仮校舎では、すべての教育活動を岩井沢小学校と合同で実施した。例えば、授業は同学年の学級担任がティーム・ティーチング（T・T）で行い、学習評価や生活指導、保護者への対応などは自校の児童を中心に行うという具合である。各校が編成した教育課程がある中での合同教育は、学校行事をはじめ一つ一つの教育活動について二校のすり合わせが必要であった。教職員は、計り知れない心労と葛藤を抱えながら、望ましい学びを創造する努力を重ねていた。

また、学校と地域との関わりに目を向けると、石森地域の住民たちは、長時間かけてバスで通う子どもたちを温かく見守りながら、校地の除草作業など環境整備を中心に協力した。地域探検学習の際には、徒歩で商店などへ出かける子どもたちにやさしく声かけする住民もおり、地域に子どもの声が戻ってきたことに喜びを感じている様子が伺われた。学校も

〔仮校舎（旧石森小学校）での合同授業（古道小・岩井沢小〕

また、運動会などの行事に住民を招待するなど、双方ともよりよい学びの環境づくりに努めたが、同時に、どこまで協力すればよいものか、どこまで協力を求めてよいものかという複雑な思いもあった。すなわち、地域住民の立場としては、「地域内にある学校だが、自分たちの学校ではない。深入りし過ぎてはいけない」という思いがあり、学校の立場としては、「学校ではあるが、自分たちの地域ではない。校舎もお借りしているのだ」という思いもあり、これ以上踏み込んではいけないという一線を互いに感じ取っていたのかもしれない。

一月ほど経ったある日、教育委員会を訪れた石森地区の住民が、「どうして、ぼくらはこの学校へ行けないの」と言われたと語っていた。地域に学校があることはうれしいと話しながらも、「子どもは、そう思いますよね」と苦笑いしながら立ち去った。

学校と地域が連携することの重要性は、学校教育を推進する上で常に掲げられてきたことであるが、そう簡単なことではない。互いを思う気持ちだけで成り立つものではなく、互いの思いや願いを理解し合うには、それなりの時間が必要である。共に活動し、思いをぶつけ合いながら、目指すものを探り出していく積み重ねがほしいのである。その過程において学校と地域の強固な信頼関係が築かれ、いつ知れず「おれたちの学校」になり、どんなときにも支え続けてくれる「学校にとってかけがえのない地域」が形づくられるのであろう。

大事なものや本物を創り上げるには、その価値に見合った手間と時間が必要である。いつまで続くとも知れない仮校舎の学びの中で、感謝と遠慮の思いを混在させながら学校経営にあたっているリーダーたちに、どこまで求めることができたであろうか。

子どもたちは、このような仮校舎での学びや仮設住宅などでの生活について、次のように振り返っている。(注3)

「他校の児童と学ぶことができ、楽しかった」

「心配したけど、すぐに友だちになれて良かった」

「アパートが見つかって、毎日入れるお風呂は、とても気持ちよかった」

「ボランティアの人が遊んでくれて楽しかった」


居場所が落ち着いてきたからであろうか、不安がやわらいでいく様子が伺えるが、それ以上に望郷への思いを感じさせる言葉が数多く見られた。

「早く都路に帰りたい。早く古道に戻りたい」

「都路で思いっきり、体を動かしたい。中学生になったら野球部に入る。狭いアパートでマンガを読んだり、ゲームをしたりしていた。ぐーたらしていた」

「新しい友だちができて、毎日のように遊んだが、やっぱり都路がいい」

「家族がバラバラになったのは初めてのことでした。家族のことが心配で悲しい気持ちでした」

「ときどき古道小学校のことを思いました。どんな学校なのか、中はどうなっているのかなと思って勉強していました。都路に戻っていいと聞いたとき、目が輝きました。私は、この都路を守っていきたいと思いました」

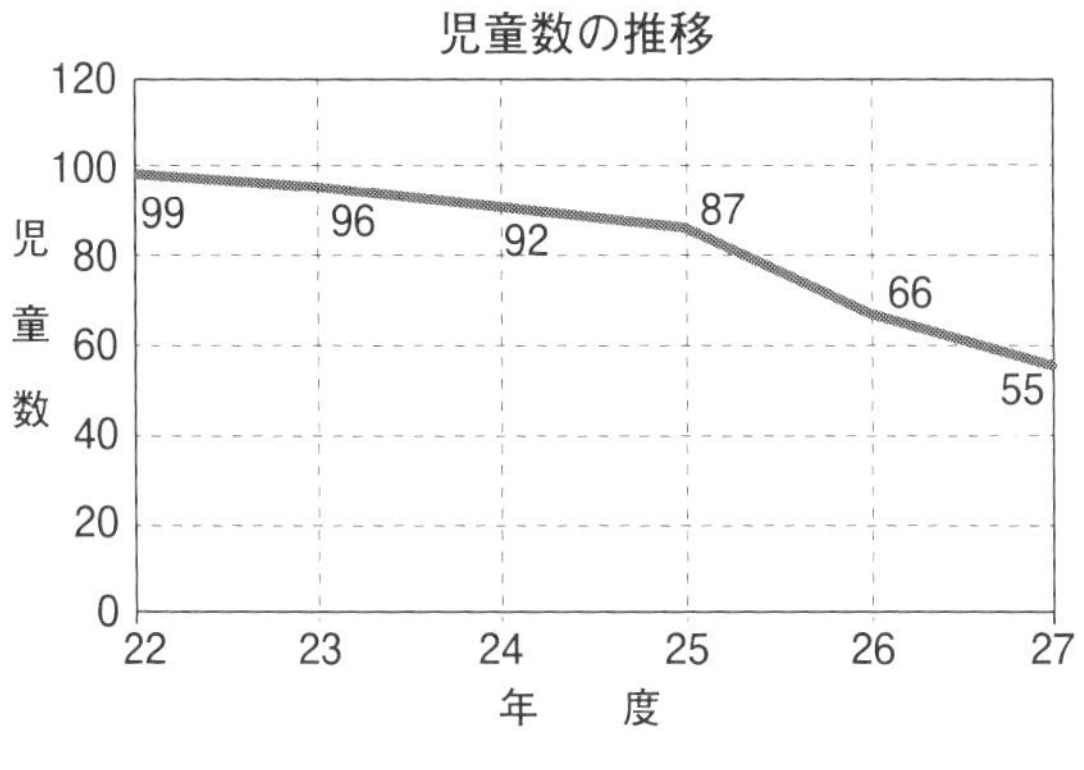

生活の場がどこにあろうとも、子どもたちの「都路に帰りたい」という思いを消し去ることはできなかった。都路という地域が紡いできた歴史や文化、風土が醸し出す人の絆やかかわりの中に、どのような状況にあるときも自分を受けとめてくれる居心地の良さを感じていたのではないだろうか。

一方で、都路への帰還に向けた準備も進められ、平成二十三年八月には、本校舎の校庭表土除去作業が終了し、同年九月三十日には、緊急時避難準備区域（二十〜三十㎞圏）が解除された。しかし、帰還する住民は少なく、都路町内の幼・小・中学校は、仮校舎での教育活動を継続した。児童の避難生活状況にも大きな変動はなく、都路町から通学する児童は一名であった。PTA活動は、震災前の状態に近づけるよう二校で協力して行った。

平成二十四年度も、学校運営や教育活動は前年度と同様に実施した。本校舎での学校再開に向けて、田村市と保護者等で幾度か話し合いが行われたが、放射線への不安や都路町の除染・復旧が不十分な状況であることなどから合意形成には至らなかったのである。なお、本校舎および校地の除染が終了したのは、平成二十五年三月であった。

平成二十五年度についても、学校運営や教育活動は前年度同様に実施されたが、十二月には、都路町生活圏域の除染が終了するとともに、通学路の除染も開始された。三月四日には、保護者・教育委員会・学校の三者によって学校再開に向けての話し合いが行われた。その後、学校再開の具体的な準備が進められ、再開後の対応やスクールバス運行計画、緊急時の連絡体制などの整備がなされた。

そして、平成二十六年四月一日に、避難指示解除準備区域（二十㎞圏）が解除され、東京電力第一原子力発電所から約二十一㎞地点に位置する古道小学校は、避難指示区域（旧警戒区域）の学区から通う児童が在籍する学校としては、初めて本来の校舎で再開することになった。

仮校舎で教鞭を執っていた白岩頼子教諭は、帰還が決まったときの思いを、次のように語っている。

震災の日、保護者の方に迎えに来ていただいて担任していた子どもたちと別れた。都路地区の方が避難した後、子どもたちの安否確認のため、一人一人に電話をした。電話口での子どもたちの声が忘れられない。「先生」という声に込めた思いを強く感じた。「先生、これからどうなるの」「友達はどうしているの」「学校はどうなるの」と聞きたかったに違いない。それを押さえて、こちらの話を聞き、質問に答えていた子どもたち。幸い、旧石森小学校という学ぶ場を得た。岩井沢小学校の友達と一緒になって学び合い、競い合うことができた。しかし、常に「避難している」「今は特別」という意識が子どもたちの中にあり、どこか落ち着かない雰囲気があった。それを感じるたびに本来の校舎に戻って学ぶ子どもたちの姿が見たいと思った。

第二章　学校には地域がある

一　学校再開の朝

子どもたちのはじける笑顔が、光あふれる丘の学舎に戻ってきた。

平成二十六年四月七日（月）、入学式を迎える朝。すずらん坂には、「おかえりなさい」という横断幕と何本ものぼり旗が掲げられ、多くの地域住民が出迎えた。子どもたちに、次々にかけられる声。手を振る人がいる。涙ぐむ人もいる。ランドセルを背負い、うれしそうに歩みを進める子どもたち。はにかんでうつむきながら歩く子がいる。途中から駆け出す子がいる。保護者に手を引かれた新入生がいる。昇降口には、温かいまなざしで出迎える教職員がいる。誰もが満面の笑顔だ。

〔入学式のすずらん坂〕

東日本大震災の日から三年が経ち、ぼくたちは古道小学校の校舎にもどることになりました。始業式の朝、ぼくがすずらん坂を登ると、坂の上ですずらん隊のみなさんが『おかえりなさい、都路へ』と書かれた旗を持って、笑顔で「おかえり」と言ってくれました。ぼくはその言葉を聞いて、都路地区のみなさんは、ぼくたちがまたこの古道小学校へ通う日を、ずっと待っていてくれたのだと感じました。地域のみなさんにあいさつを返して玄関に入ると、なつかしい木のにおいがしました。四年ぶりの校舎なのに、においを覚えているなんて不思議でした。(注4)

「なつかしい木のにおい」とともに、この校舎で過ごしたどのような日々が思い出されたのだろうか。机の上で開く教科書のにおい、鉛筆や消しゴムのにおい、絵の具のにおい、マットのにおい、校庭を駆けながら流した汗のにおい、終わりのチャイムが気になる給食のにおい、そして、友だちや先生の笑顔であろうか。

また、東日本大震災当時、小学校入学目前の幼稚園児だった四年生が、次のように記していることに驚かされる。

古道小学校に帰れると聞いて、そのときはすごくうれしかったです。春休みが終わる前には、もう心臓がドキドキしていて、まだかなと思っていました。すずらん坂を歩いていると地域の人たちが迎えてくれました。すごくうれしかったです。もうすっかり古道小学校に慣れました。これから、私は明るく過ごしていきたいです。

きっと、震災発生時にはランドセルが届けられており、何度も背負って見せながら、家族から喜びや励ましの言葉をかけられていたに違いない。入学間近のあの日の思いが、どこからともなく込み上げてきたのではないだろうか。この児童にとって、本校舎での学校再開は、古道小学校入学の日であり、曖昧さが漂う学校生活から解放され、次へ向かう構えができた節目の日となったのであろう。

人は、大きな不安や悲しみに出会ったとき、それを乗り越え、新たな決意をもってスタートを切るためには、自らの心に区切りをつけることが必要である。この児童が本来の場所で経験できなかった卒園式や入学式もその一つである。それは、竹の節目のようなものでもあり、どんな状況下でも倒れないしなやかさを持ち、凛として正しく真っ直ぐな人生を歩むために必要なものである。

地域に戻った子どもたちの喜びは、地域住民の思いとも呼応しており、ある住民は、学校再開について次のように寄稿している。

学校が再開する！　その話を聞いた時、私はとても感激したことを覚えている。子どもたちの無邪気な笑顔、ちょっとかん高い声。地域の生活の中で見ることや聞くことが出来なかったこの間、どれほど学校の再開を待ち望んでいたか。久しぶりの子供たちの登校風景に感激して、涙が出そうになった。うれしかった。この子供たちをあたたかく見守り、大事に育てていきたいと思う。（注3）

「学校には地域がある」ということを実感させる言葉である。多くの住民が子どもの姿に地域の未来を重ねながら、自らの生き方を模索していたことであろう。それは、曖昧な喪失の中にあって、しっかりと前を向いて歩んでいくために必要なことでもあった。

「学校とは、何か」その存在意義を改めて考えさせられる。

二　覚悟の船出

「保護者や都路地域の状況は、あの時（東日本大震災発生当時）と同じ状況だと思って職務にあたってほしい」

平成二十六年三月二十七日、午前十一時、古道小学校長の辞令を受けて教育委員会へ伺った際に、教育長（助川弘道）から告げられたこの一言で覚悟は決まった。

あの時と同じ状況なら、住民の帰還はなく、増して学校再開などあるはずがない。ここへ漕ぎつけるまでの簡単ではなかった背景と、これからの未知なる困難を想定させるメッセージであることが容易に理解できた。さらに、この学校再開に賛同していない保護者も一定程度いることも確認できた。原発事故が収束せず、生活の見通しもつかないなど、さまざまな不安を抱えながら我が子を通わせることになるのだから、当然のことでもある。待ちかまえる課題の重さとともに、なぜか保護者となる教え子たちをはじめ、地域住民のさまざまな顔が浮かんできた。「我が子を古道小学校に通わせて良かった」、そう思っていただける学校を何としても創り上げなければならないという決意を再確認する機会となった。

そして、教員生活で初めてであろう、「明日、この子どもたちは、学校に来てくれるだろうか」と思い続けながらの学校経営がスタートすることとなった。「学校があれば、子どもがいる」のは、当たり前ではないのである。

この日の午後一時、前任校長との事務引継のため、校舎へ入ると、玄関フロアをはじめ、修繕工事中の箇所がいくつもあった。二階の食堂は資材置き場になっており、工事完了は五月になるとのことであった。これで入学式を迎えることができるのだろうかと、だれもが思う光景であった。

事務引継がほぼ終了し、関口和夫教頭が同席した校長室で、「私の着任は四月一日ですが、この状況を考えると、前日に学校に来た方がいいですかね」と前任の校長へ問いかけた。間髪入れずに、「お願いします」と言い放ったのは関口教頭であった。校長の許可を得て、前日はできるだけ早く来校する旨を伝え、学校を後にした。

三月三十一日、年休を取得し、午後三時三十分に古道小学校に着き、関口教頭と明日からの具体的な対応について打合せを行った。話し合うべき内容が尽きることはないが、どこかで区切りをつけなければと時計に目をやると、午後六時を過ぎていた。

「今日、来てもらってよかったです」その一言に何となく救われた思いがした。

四月一日（火）午前七時五十分頃、日本経済新聞社の記者が来校したが、間もなく教職員が着任し、職員会議等があるため、午後四時頃なら対応できる旨を伝え、一端退校いただいた。

この日から、国内外からの連日の取材が始まり、土曜日や日曜日の対応も余儀なくされた。

四月六日（日）、校庭東側の庭園内に設置されたモニタリングポストの放射線量は、0・18μSvであった。

この日の午後三時、赤羽一嘉経済産業副大臣が来校した。校舎内の視察を終えて学校を後にしようとした玄関フロアにて、「赤羽大臣、お忙しい中、ありがとうございました。もし、お時間が取れるのでしたら、校長室でお茶でもどうですか」とお声がけしたところ、「それじゃ、いただきますか」と、快くお寄りいただいた。

この約一時間がありがたく、かけがえのない出会いを得る機会となった。

「校長先生、何か困っていることはありませんか。必要なものはありませんか」

「いろいろありますが、一番は人がほしいです。それが一番お金のかかることかも知れませんが」

取り急ぎ、明日の入学式における報道関係者への対応が心配であることを伝えると、「それじゃ、この宮田をおいていきますから使ってください。プレス対応にも慣れていますから」と言われた。

恐縮し、一端お断りしたが、結果的には赤羽副大臣のご厚意を受けることとした。実のところ、教育委員会へ人員配置を要請したが難しいという回答で、保護者数名に受付等を依頼していたのだった。保護者は二つ返事で引き受けてくれたものの、仕事を休んでまでの支援には心苦しさも感じていた。報道対応には、職員一名を専属で配置していたが、不安なことは確かであった。

入学式当日は、NHKの全国放送の中継車も入り、テレビ、新聞の報道関係者は二十人を超え、入学式場から校長室に戻ると、ソファーやテーブルは廊下に出され、何台ものテレビカメラが設置された記者会見場と化していた。

質問の内容は、学校再開に至る経緯や放射線の影響、その中での今後の教育活動のあり方など、決して子どもたちの入学を祝うものばかりではなかった。こうした状況下で、校長の会見時間を予め設定し、学校のスケジュールに支障をきたさないようにコントロールしていく宮田寛之参事官補佐の存在は、本当にありがたいものとなった。

四月七日（月）の入学式、新入生四名が大きな拍手に迎えられ、深紅の絨毯の上を堂々と入場する姿は、保護者や地域住民がそれぞれに抱える様々な不安を希望に変えてくれた。田村市長、市議会議長、市教育長と要職にある全員が出席し、挨拶をした。都路町行政区長連合会からの図書券と歴代ＰＴＡ会長からの紅白饅頭が児童や教職員全員に配られた。地域あげての盛大な歓迎であり、そこに込められた地域の願いと期待がずっしりと心に響いてくる。

児童数六十六名、七学級。教職員数十四名（震災加配一名）でのスタートであり、通学状況は、都路町の学区内か

〔元の場所で入学式〕

ら二十八名（四十二％）、避難先からの通学者が三十八名（五十八％）であった。

三　子どもたちは元気だ

学校がスタートして一週間。子どもたちは元気だ。休み時間には校庭に出て、鬼ごっこをしたり、鉄棒やジャングルジムで遊んだりなど、のびのびと活動している。全力でかける姿、はじける笑顔が確かに光あふれる丘の上に戻ってきた。給食が始まり、教室の机を円状に並べて、お互いの顔を見ながらおいしそうに食べている。もちろん、新しい教科書を広げ、授業にも熱心に取り組んでいる。一年生は、学校探検をしたり、朝の会の進め方や学習の仕方を確認したりなど基本的な生活や学び方をしっかりと身につけているところだ。

教職員も、子どもたちを少しでもいい教育環境で迎え入れようと、全力で新年度の準備をしてきた。子どもたちと教師が温かい雰囲気の中で学んでいる姿を見ると、改めて本校舎で学校再開したという喜びを感じる。

四月十八日（金）、関口教頭から、「昨年に比べて欠席児童が少なくなりました。昨年度は、欠席者ゼロという日はほとんどなかったです」という報告があった。その後も欠席率は減少し、不登校児童もいない。学校再開二ヶ月後から肥満傾向児の約九割（十七名のうち十五名）に改善が見られた。外遊びをする児童やスポーツ少年団入部者の増加とともに、抱えていたストレスが徐々に解消されていったことなどが要因と思われる。

五月には、運動会が盛大に開催された。地域の歴史や自然を改めて思い出してもらおうと「都路○×クイズ」という住民参加の新種目も企画され、老若男女の笑顔と歓声に包まれた。地域に学校が戻ったことを実感できる節目の日であった。すずらん農園には、野菜の苗が植えられた。地域に出かける学びも盛んに行われている。プールが開放され、水しぶきとともに子どもたちの顔がまぶしく光っている。

七夕の飾りつけが始まった。「家族が幸せでありますように」、「ずっと健康で楽しく暮らせますように」といった願いを込めた短冊が数多く見られた。児童の発達段階から

〔都路で４年ぶりの運動会〕

考えると、将来の夢や頑張りたいことなど、自分に関わる願い事が一般的であるが、家族や命の大切さを思う気持ちが強くなったのは、避難生活を含めた震災体験が影響しているのであろうか。

また、保護者の授業参観や学級懇談会への出席率は高く、学校行事やPTA活動にも大変協力的である。生活リズムの変化による負担感や放射線に対する不安をもつ保護者もいたと思われるが、学校に対する苦情等はなかった。十二月十日（水）、田村市議会総務文教常任委員会所管事務調査が行われ、十一名が来校した。懇談の中で「保護者からどのような苦情等があるか」を問われ、ない旨を伝えると、「ないと言うことはないでしょう。一つもないのですか」と不信感をあらわにされた。それでも「ないものはない」のである。加藤久生PTA会長等へ保護者の不安や思いなどについて何度か尋ねたが、「本当に何もないですから。心配しないでください」とい

〔七夕の飾りつけ〕

う返答がいつものことであった。
とは言え、個人差はあるものの、不安や悩みを抱えながら通学させていたことは、次の寄稿からも伺える。

本当は、○○小学校へ転校させようと思ったのですが、二年間は、どうしても古道小学校がいいと言うので、古道に通わせることにしました。朝は早いし、帰りも遅くなり、スポ少がある日は八時近くに帰って来て、すぐに根をあげるだろうと思っていましたが、自分が決めたことであり、古道小学校と友達が好きということで、朝も早く起きて、帰ってからの勉強もちゃんとやっています。きっと小学生にはとても疲れることだと思いますが、一年通って慣れてきたと思います。この五、六年と頑張ったことは彼女にとってとてもいい経験になると思います。頑張って通ってほしいです。(注3)

保護者は様々な課題を抱えながらも、自分の中で折り合いをつけ、苦情ひとつ言わずにわが子を通わせているのだ。そのことに決して甘んじてはいけない。教育委員会へは、定期的に行っている「保護者と市教委の懇談会」を継続することなど、行政や学校が誠意を持って積極的な情報提供と丁寧な説明を行いながら不安払拭に努めることが大切であり、それが信頼につながることを強く伝えてきた。

同年十二月、都路町からの通学児童は三十八名（五十八%）、避難先から二十八名（四十二%）となった。

古道小学校の子どもたちが、古道の地で学ぶという、当たり前のことができるようになった意義は大きい。子どもたちも、自分の居場所をしっかりと感じ取っている。

平成26年度　児童の通学状況（居住地）の推移

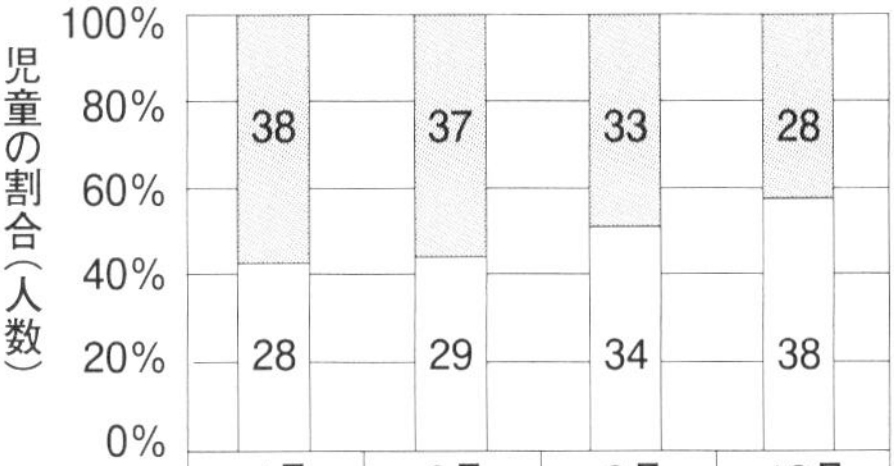

	4月	6月	9月	12月
▨避難先	38	37	33	28
□都路町	28	29	34	38

四　帰還教師たちの思いや願い

子どもたちとともに避難し、仮校舎で教鞭を執り、本校舎に戻った教師が三名いる。

その一人である白岩頼子教諭は、「古道小学校の校舎で学ぶ子どもたちは楽しげだ。避難を続けている人がいても、学校に来れば『ここは自分たちの学校』で、特別でなく普通だからか。

学校再開に携われてよかった。本来の校舎に戻って学ぶ子どもたちの姿が見られてよかった[注3]」と、学校再開の思いを綴っている。新入生四名の担任として二年間（第一、二学年）教鞭を執った。定年退職を迎えた際に、「校長先生。私は、家族とも相談し、退職後に教壇に立つことはないと決めていました。でも、古道小学校は別です。もし、どうしても必要なときには声をかけてください」と語った。長い教員生活での特別な時期であったことがずっしりと伝わってきた。

教務主任として帰還した宗像克博教諭は、次のような思いを綴っている。

児童の居場所確認、デンソー（避難所）での学習支援、船引小学校を借りての卒業式、旧石森小学校での岩井沢小学校との合同学習、二度の引っ越し等々。今振り返ると、大きく変わる環境や設備等が十分に整わない状況の中で、みんなで力を合わせて取り組んできたことを思い出す。平成二十六年四月、四年ぶりにこの古道の地で学校を再開することができた。子どもたちが元気にのびのびと生活している様子、保護者の皆さんの充実したPTA活動、地域の皆さんの教育活動への協力など、改めてこの古道に戻ってきてよかったと実感している。運動会や学習発表会などの学校行事を行っていく中で、教育環境が大きく変わってしまったために、計画を立てたり準備をしたりするときにたくさん悩むことが数多くあった。しかし、いろいろな壁に直面しながらも、みんなでアイディアを出し合ったり、一つ一つ内容を確認したりして、常に子どもたちにとってよりよい活動を目指すことができた。現在、「新生古道小学校」に向けて第一歩を踏み出したところである。(注3)

宗像教諭は、歴代の校長や教頭が異動していく中にあって、ずっと学校の要として職務にあたってきた。それだけに、学校運営の多岐にわたり頼られることも多く、遣り甲斐以上に重荷となり、想像を超える困難があったに違いない。どんなときにも誠実に粘り強く職務にあたる宗像教諭だからこそ、乗り越えることができたのである。

もう一人は、第二学年を担任した高橋今日子教諭である。

私が古道小学校に赴任した年の三月に東日本大震災が起きた。原発事故の影響で避難になり、デンソーで学習支援をしたり、電話で子どもたちの避難場所を確認したりする日々の中、これから古道小学校はどうなっていくのだろうと感じた。旧石森小学校での学校再開が決まり、何もない校舎に机や椅子など学習に必要なものを集めたり、掃除をしたりして新年度への準備を進めた。そして、迎えた入学式。久しぶりに友達や先生と話す子どもたちの嬉しそうな表情を見て、子どもたちも学校が始まる日を待っていたのだ。この場所で精一杯、子どもたちが楽しい学校生活を送ることができるようにしていこうと思った。

私が一番印象に残っていることは、給食の再開だ。給食室の準備が整わず、四月の数日間は注文したお弁当を食べていたが、だんだんと残すようになり、「給食はいつからなんだろう」と話す子どもたちが出てきた。給食が再開した日、温かい給食を食べながら、子どもたちが「おいしい」と嬉しそうに言ったことを今でも覚えている。給食の大切さを改めて感じることができた出来事だった。二回の学校の引っ越しは大変な作業だったが、都路の地に戻る引っ越しにも携わることができたことを大変嬉しく思う。子どもたちが地域の人と関わりながら、楽しくのびのびと学ぶ様子を見て、本来の地域で学ぶことの素晴らしさを感じることができた。(注3)

高橋教諭の前任校は、東京電力第一原子力発電所が立地している大熊町の大野小学校であった。その教え子たちは、未だ故郷へ帰還できる見通しすら立っていない。「本来の地域で学ぶことの素晴らしさ感じる」という言葉には、彼女ならではの深い思いが込められているように思う。

また、震災発生の年に新採用教員として赴任した長谷川夕貴教諭（第四学年担任）は、次のように綴っている。

古道小に赴任して四年目となった。昨年度まで、都路に行くのは年に何度かの校舎整備のときだけだった。都路がどんな場所なのか分からないまま三年も経ってしまった。学校再開前の校舎は、机や椅子も無く、静かで、子どもたちのあたたかさが感じられないとても寂しいところだった。春休みには、入学式に間に合うだろうかと思うほどの、大量の段ボール箱が次々と運びこまれ、引っ越し作業に追われた。あわただしく迎えた二〇一四年度の入学式。子どもたちの笑顔、保護者や地域のみなさんのあたたかさに包まれ、やっと古道小に赴任することができたのだと心から実感することができた。この一年は、新しいことばかりで、日々試行錯誤の連続でしたが、これまで以上に地域の大切さを感じながら、子どもたちや保護者のみなさんとともに教育活動を行うことができた。ふるさとで学校生活を送る喜びを味わい、都路を大切に思うことができるようになった。都路がさらに元気になるように、ずっと応援したい。

今も、都路までバスで通う子どもたちがたくさんいる。それでも、自分たちが置かれている状況に不満をもらすこともなく、学習に真剣に取り組み、友達と仲良く遊び、毎日学校に登校している古道の子どもたちは本当にたくましく、優しい子どもたちだ。四月、四年生が教室でこんなことを話していた。「やっぱりいいな、都路」「なんか、すごくうれしいんです」子どもたちにとって都路は、大好きな場所であり、心が落ち着く場所なのだ。これから何年、何十年たっても、子どもたちにとって都路が心落ち着く大好きなふるさとであり続けてほしいと強く思っている。(注3)

長谷川夕貴教諭が赴任した時、迎えてくれる校舎も、地域もなかった。平成二十三年四月一日、田村市教職員着任式は中止となり、大越行政局の一室で簡単な引き渡し式が行われた。震災の爪痕が残る雑然とした二階廊下を、不安そうな顔で校長の後について行く長谷川教諭の姿が、なぜか鮮明に記憶に残っている。「古道小学校への赴任を心から実感できた」という言葉は重くて深い。

教職員は、それぞれの思いや願いを持って学校再開を迎えた。そのすべてを掲載することは叶わないが、「子どもたちに願うこと」の中から抜粋してみる。


「自分の頭でしっかりと考え、事の本質を見極め、自分で判断する力をつけてほしい」

「人の優しさや心の痛みが分かる人になってほしい」

「都路で生まれ育ったという誇りを胸に、都路をさらに盛り上げていってほしい」

「子どもたちが中心となって新たな古道小学校をつくりあげることが必要だ。現在、校長先生と代表委員を中心に、『古小再生プロジェクトチーム』を発足させ、来年度の学校をどのようにしていくかの話合いをしている。子どもたち自らが気付き・考え・実行することができるように、みんなで支え合っていきたい」

「子どもたちは、古道小学校の自慢できるところを考えた。たくさんの自慢がある都路町は、素晴らしいところだと自信をもってほしい」

「地域には、色々なことを教えてくださる先生がたくさんいる。学校だけではなく地域の人たちからも学びながら、自分のふるさとに誇りをもって生活してほしい(注3)」

教職員のだれもが学校再開の喜びとともに、地域というものを強く感じている。このことが、地域と深くつながる教育を実現させ、地域を誇りに思い、人や社会のために役に立ちたいという強い思いを育むことに大きく影響したものと考える。

そして、学校再開の扇の要として学校運営に貢献したのが関口和夫教頭である。その思いや願いを紹介し、本章の締めくくりとしたい。

私は、震災の起こった八月に赴任してきた。原発災害による混乱、放射線の不安、避難しての教育活動、しかも二つの学校が合同でやるという異例の中で二年八か月を過ごしてきた。旧石森小では、仮住まいという当たり前ではない環境の中であったが、与えられた環境の中で最善を尽くそうと教職員が力を合わせ精一杯努力してきた。しかし、来年はどうなるのか、都路に戻るのか、石森で続けるのか、そういったジレンマと見通しの持てない中での教育活動の推進であった。

今年四月に都路へ戻り、学校再開した。一番感じたことは、保護者や地域の皆様の強い学校愛である。旧石森小では感じられなかったことであり、地域にある大切な学校として見守っていただいているということをひしひしと感じることができた。自分の学校のために本当に協力的に取り組んでいただき、心強い限りである。旧石森小の時にも、いろいろ学校のことを考えて取り組んでいただいたが、やはり二校での活動ということで、声に出せない気苦労もたくさんあったのではないかと感じる。地域に愛され、地域とともに成長していく、そんな新生古道小学校を児童、保護者・地域の皆様、教職員が一丸となって切り開いていってほしいと願っている。(注3)

この年の六月二十日（金）、都路中学校区幼・保・小・中連携教職員懇親会が地元の「みやこ旅館(注5)」で開催された。懇親会終了後、関口和夫教頭と板さん（店主　吉田幸弘）と三人で、炉端を囲み、酒を酌み交わした。あれこれと語り合う中で、関口教頭が、「学校に地域がある。何十年もの教員生活の中で、こんなにも感じたことはありませんでした」と、ぽつりと言った。

私は、あふれ出る涙をこらえることができなかった。惜しみない支援を送っていただいている地域のみなさんの思いが、ちゃんと伝わっている。やっていることは間違っていないのだ。まだまだ課題は山積しているが、そう感じてくれているのだという思いが込み上げてきて、一筋の希望の光が見えたような、張りつめていた緊張感から一瞬解放されたような安堵感があったのかもしれない。

「うれしいね。その言葉は、本当に」そうつぶやく板さんの目からも涙があふれていた。誰よりも早く帰還し、店を開き、地域や子どもたちのために惜しみない支援を続けている板さんには、いっそう深く響いた言葉であったに違いない。

第三章　帰還小学校が目指した教育

一　共同研究から見えること

誰もが経験したことのない学校再開の中で、どのような教育を目指したのであろうか。「東日本大震災復興記録集ふくしまの絆2」[注6]に、次のように記されている。

保護者や家族の思いや願いを考えると、「わが子を通わせてよかった」と思える学校づくりを目指し、子どもにしっかりと「力」をつけようと全職員で誓った。

◇学校経営の重点（不安払拭と信頼確保を図る）

① 子どもの変化の丁寧な見取り
② 既存行事・教育活動の徹底した見直し
③ 教職員間の危機意識の共有と高揚
④ 積極的な情報公開（発信）
⑤ 地域や関係団体との連携強化
⑥ 教育環境の整備（学校農園等）

⑦ 関係機関やマスコミ等との連携

これらの重点項目は、強い危機感と覚悟から生まれたものであり、単なる目標ではなく、学校再生に向けた絶対条件であった。

また、平成二十七年度の「校内研究集録」の中には、学校が目指した子どもの姿とその理由の骨子を見ることができる。

> 学校教育は、児童・保護者や地域の信頼があってこそ成り立つものであり、その信頼は「子どもに力をつけること」でこそ得られるものです。私たちの弛まぬ研修は、その核となるべきものであり、「学び続ける者だけが教える資格がある」とも言われるように、研修の積み重ねによる確かな理論と豊富な実践が児童一人一人の確かな学力の定着につながっていくものと考えます。
>
> さて、本校では、生活科・総合的な学習の時間の指導を中心に、研究主題である「地域の自然や人とかかわりながら、よりよく問題を解決できる児童の育成」を目指して研

究を進めていますが、その主な背景や理由として、次のようなことがあげられます。
○学力調査の結果等から、思考力・判断力・表現力等の育成が課題となっており、その解決のためには、児童自ら課題を見いだし、その課題解決に向けて本気になって追究する学びを実現すること。
○少人数による社会性の育ちや学び合いの高まりを懸念する保護者もおり、その払拭に向けて豊かな心や学力など一定の成果をあげること。
○三年間の仮校舎生活とともに、現在も約三分の一の児童が避難先から通学しており、地域を十分に知らない児童が多いという現状を踏まえ、自分の居場所に自信と誇りを持たせること。

これらは、大震災がもたらした危機意識が大きく影響しているが、それのみを持って設定したわけではない。急速な少子高齢化や国際競争の激化など厳しい時代を生きる子どもたちが身につけるべき力を吟味しながら、新しい時代を見据えた教育への転換を強く願ったのである。

そして、このような教育を実現していくためには、教育活動にリアリティを生み出す必要があると考えた。子どもの側に立てば、どきどきするような、ハッとするような、うーんとうなるような、じっくりと考え込むような、心が躍り、脳が活性化する、言わば「ときめく学び」であり、その活動の柱として、直接体験や心が通い合う人的交流を掲げた。中央教育審議会の答申（注7）においても、「地域の教育力を積極的に学校に取り入れることへのニーズの高まり」について述べているが、そうしたこともふまえ、地域という身近な場所にある教育的価値を見出し、それを強みとして教育実践に積極的に結び付けようとしたのである。

一見何もないような都路の地であるが、ここには、田畑の耕作や牛の飼育などを通して自然と共生する農林業がある。郷土料理、手芸、物づくりなどの伝統的な文化もある。そして、何よりも大切な「人」がいる。公に認められた資格などに縛られない豊富な経験を基盤とした地域の専門家がいる。見守り、応援してくれる支援者がいる。地域には、たくさんの先生が存在するのだ。

なお、古道小学校は、歴史を遡れば、開校が明治六年で百四十一年（再開当時）の歴史と伝統を持つ地域がつくりあげてきた学校であり、校下民たちは、旧都路村の中心校としての誇りと学校を支える熱意を失ってはいなかった。

二　地域学習のパイオニアたち（思いを形に）

「元気・本気・根気（ＧＨＫ）」の学校スローガンのもと、教職員は、学校目標の実現に向け、一体感をもって職務にあたった。保護者や地域住民も、学校行事への参加だけでなく、学習活動や教育環境の整備などに惜しみない支援を行った。

その実践の一端を紹介してみる。

【学びの土壌「すずらん農園」】

「野菜づくりは無理だろう。畑の除染も必要だろうし、野菜ができたって、子どもには食べさせられないだろう」

学校再開時の世間一般の認識は大方このようなものであり、当時の状況を考えれば当然のことと言えるが、この学校は違った。

「無理か、無理でないか。食べることができるのか、できないのか。それも子どもたちと考えていこう。未来を生きる福島の子

〔すずらん農園の土壌採取〕

どもたちには、そのことをきちんと説明できることが求められ、生き抜く力を育むことにもつながるはずだ」という共通理解のもとに、畑の放射線測定からスタートした。

このようなふくしまがかかえる問題を自らの課題として教育に位置付けたことは、学ぶ意義や目的意識を明確にした学習活動につながっていった。

当時、空間線量の目安は、地上五〇cm（児童）で〇・二三μSv／h以下になることが必要であったところ、農園予定地は地上一cmで約〇・四μSv／hあった。早速、建設会社を経営する保護者が大型重機を持ち込んで土壌を入れ替え、空間線量と土壌の放射線量は、安全基準に達した。学校近くの地域住民が堆肥を入れ、トラクターで耕した。「学びの土壌」が出来上がった。

【町の人と畑の収穫を喜び合いたい　二年生】

学習は、地域の人へ「やさいのそだてかたをおしえてください」という「お願いの手紙」を書くことからスタートした。畝をつくり、種を蒔き、水をあげた。作物を鳥から守るために案山子を作った。おかげでたくさんの野菜が収穫できた。

喜びと感謝の思いは、「畑の先生」と楽しい時間を過ごすための「ポップコーンパーティ」

の企画へと進展した。「招待状を届けよう」「畑の先生の顔を描いてあげよう」「かごめかごめをやろう」「プレゼントには、リボンをつけよう」など、相手への思いを一つ一つ形にしていく活動は、学びの主体性とともに思いやりや感謝などの豊かな人間性を育む機会となった。当日は、ポップコーンをつくり、会場を飾りつけ、ゲームなどを楽しんだ。

それでも子どもたちの学びの活動が止まることはなかった。活動を地域へとつなげるために、「学習発表会で地域の人にポップコーンの種を配ろう」ということになった。もちろん、メッセージも袋も手作りだ。地域の人は、喜んで持ち帰ってくれた。子どもたちは顔を見合わせながら、互いの口元が緩んだことを確認した。

〔収穫を喜ぶ２年生　於：校長室〕

さらには、傑作と自負する案山子「すずりんガガ」を地域の文化祭に出品した。地域の人にも見てもらいたいという強い願いからの出品は、二等賞に輝いた。「すごいね」「よく作ったね」「あなたたちには負けたわ」など、地域住民からは労いと祝福のたくさんの言葉かけがあった。

この一連の活動を通して、学ぶ意欲が高まり、主体的に人や地域と関わる力を身につけていった。

【パイオニアたちのエピソード】

こうした学びの礎を築いたのは、学校再開時（平成二十六年度）の二年生や四年生であった。

当時の二年生は、「えいよう　まいにち　ぐんぐん　すずらん　ばたけ」という、願いをたっぷりと込め

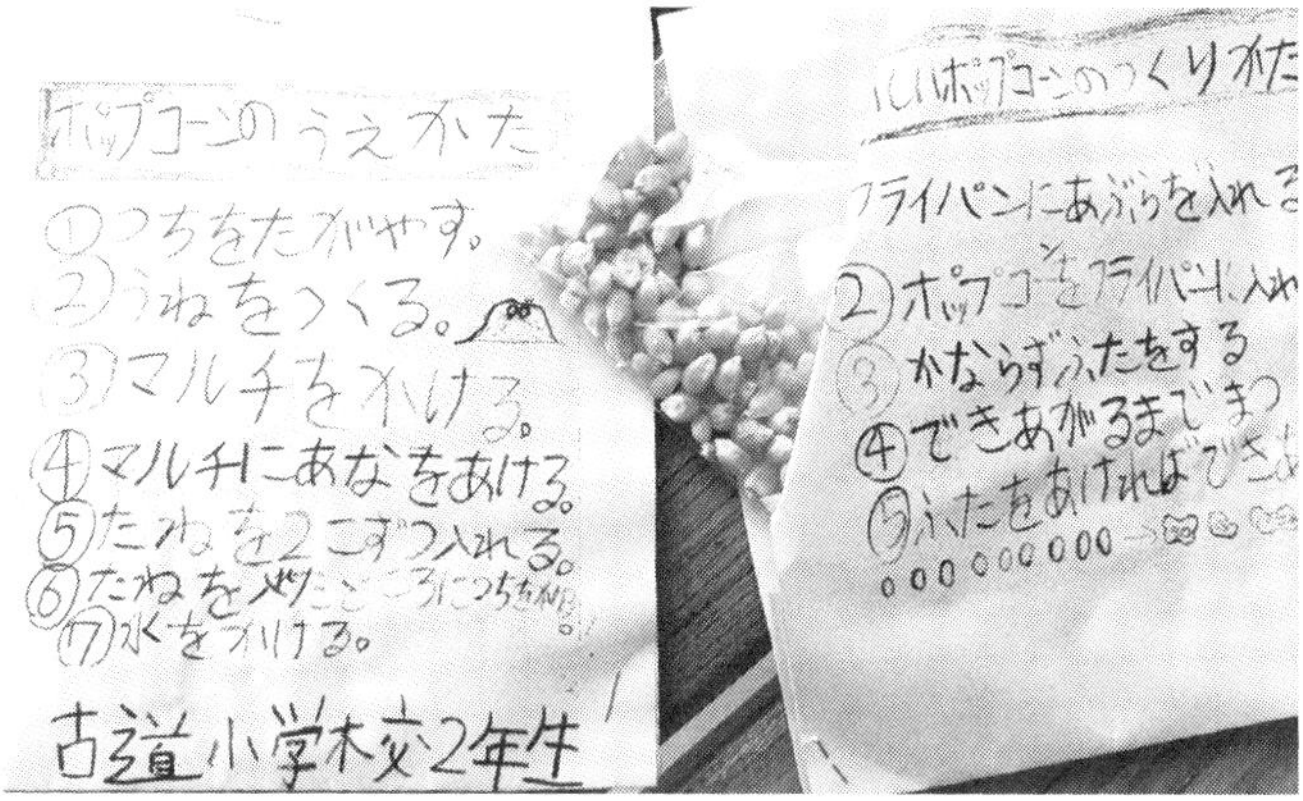

〔プレゼントしたポップコーンの種〕

た農園の看板づくりから始め、熱心に活動を楽しんだ。この時から「畑の先生」の支援も始まった。案山子づくりのパイオニアでもあり、文化祭出品の際に、八名全員で案山子を担ぎ、意気揚々とすずらん坂（古道小学校の入り口の坂）を下りる姿が印象に残っている。審査結果は、思いもよらない金賞（一等賞）となり、成就感も倍増した。

この年、「トミーブラック」という言葉が、野菜づくりの合言葉となった。「トミーブラック」とは、肥料の一種で商品名である。

当時の四年生が理科学習の一環でヘチマ苗を植え、熱心に水やりなどの世話をしたが、思うように育たず、次々に萎れ、消滅していくという事態が発生した。担任は、その度に新しい苗を購入してくるが、

〔金賞受賞の案山子と児童〕

結果は同じであった。七月に入り、あきらめかけていたころ、地域で「松本農園」を経営する松本道男・正男親子に指導援助を仰いだ。これから生長を期待するには微妙な時期であったが、対策の一つとして登場したのが「トミーブラック」である。子どもたちと担任は、教えられた分量と回数を守り、ヘチマ苗の世話を根気強く行った。ヘチマは見事な生長を遂げた。「トミーブラック」は、魔法の肥料となり、さまざまな野菜の生長を手助けし、その名を知らしめたのである。

畝作りや野菜苗の植え方、肥料のやり方など、地域住民が度々すずらん農園へ足を運んで支援してくれた。いろいろと問いかける子どもたちへ、やって見せ、話をしながら、あれこれと教える畑の先生。コミュニケーションは、自然に成立し、深まっていく。そこには、地域で学び地域で育てられていく一つの形が確かにあった。

【もう一つの教室】

平成二十六年六月一日、学校近くに「よりあい処　華」(注8)がオープンした。帰還住民はもとより、だれもが気軽に集まれる場所を作りたいという店主の願いから、古民家を改造した。週三日だけはお昼を提供する飲食店でもあり、切り盛りするのは、今泉富代と渡辺徳子の姉妹である。二人は、古道新町地区の女性が中心となってボランティア活動を行っている「愛都路（メトロ）の会」(注9)のメンバーであり、畑の先生の中心人物でもある加藤リツ子らとともに、積極的に学校支援を行っていた。

四年生の「団子さし」も、その一つである。謂われにある「豊作祈願・一家繁栄・豊かな生活」の願いを込めて、丸めた赤や黄、青や白の団子をミズキの枝先に付けていく。華やかになった団子の木を教室前や玄関ロビーに飾り、満足そうに眺めている。楕円のように握った団子を一本の木に十六個付けたものは、「十六団子」ということを初めて知った。木からはずした団子の食べ方を教えてもらうことも楽しみであった。

帰宅後の家族団らんでは、木からはずした堅い団子をいろりの火（オキ）の上に並べて焼けるのを楽しみに待ったこと、表面はこんがりと香ばしく、中はやわらかく、子どもの頃に喜んで食べたこと、油揚げにするのもおいしいことなどの話題に笑顔がこぼれたに違いない。この地に伝わる知恵や食文化を感じ取りながら、家族愛や郷土愛が自然に育くまれていく機会ともなった。

また、「ざくざく」や「じゅうねん（エゴマ）ときな粉のおはぎ」、「インゲンのじゅうねんあえ」などの郷土料理を体験した。インターネットで調べても分からなかった、都路に伝わる料理である。作り方を紹介するために、料理番組、ＤＶＤ、クイズ、写真紹介等について熱心に話し合われるなど、学びが止まることはなく、何らかの形で地域の役に立ちたいという思いが一層高まっていった。

ある日、「よりあい処　華」の店主今泉富代は、「校長先生、勉強は教室でないとだめですか。ここなら、地域の人がもっとたくさん集まるんですよ。学校に行くよりも、気軽に手伝えるようなんです」と問いかけた。「いいですよ。学校だけが教室じゃないですから。大切なことは子どもたちがしっかり学ぶことです。教科書もノートも必要なものを持たせて、ここで勉強させましょう」と、ためらうこともなく返答した。かけがえのない「もう一つの教室」ができた。児童と地域住民が互いの顔と心を突き合わせながらの授業が始まったのである。

特に、この教室を利用したのは、地域のキャラクター「みゃーこちゃん」(注10)づくりに魅せられた三年生の手芸体験である。四月の町探検での「作ってみたい」という思いが五月には実現し、十二月には、正月の縁起物である「九猿（＝苦去る）」や都路でかつて盛んに育てられていた二種類の「馬」を作ることができた。

地域の先生の手元を覗き込み、真剣な表情で針を動かす子どもたち。針を使うことのない子どもたちが、小さな手を使って針を刺し、縫うという営み、そして、時々問いかけたり、教えたりする互いの姿が微笑ましい。

「馬のあしに、もっと綿をおっちめて」

「おっちめてって、何ですか」

方言教室をも兼ねた交流を通して、子どもたちは地域がますます好きになっていく。こうした一人一人の学びこそが、小規模校のよさであり、この地域だからできることでもある。人とかかわる力や年代を超えたコミュニケーション力などが確かに育まれている。子どもたちは、放課後も立ち寄るようになり、この教室で宿題や自主学習も行っている。

その後、「よりあい処　華」に隣接して調理場ができ、

〔針に糸を通す児童と地域の先生〕

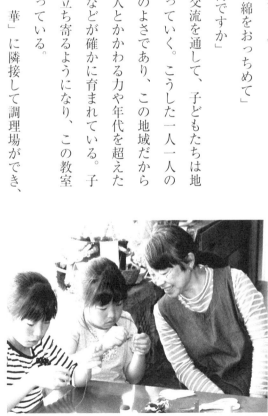

ここも郷土料理体験学習の教室になった。

学校の近くには、三年生の学びの教室がもう一つあった。児童が心をときめかせて会いに行くのは、酪農経営者である冨樫喜重郎が愛情を込めて育てている「アキちゃん」という牛である。いろいろと質問しながら牛を見つめる表情は、真剣でおもしろい。牛の鼻息のあらさを感じながら、餌を食べるときの口の動きやまとわりつくハエを追い払おうとするしっぽの動きをじっと見ている。牛舎特有の臭いには嫌悪感をもつ人もいるであろうが、目の前には牛糞の片づけを当たり前に行っている人がいる。直接体験の学習でなければ感じられないことばかりである。初めの頃は、牛が怖いのか、遠巻きに眺めていたが、回を重ねるごとに牛との距離が縮まり、継続的な関わりを通して人や地域への愛着と理解を深めていったのである。

この年、絵画コンクールに出品した三年生の絵には、多くの「べこ」がさまざまな表情で登場し、十月の学習発表会では、地域の自然や牛に関わる学習をまとめ、自信に満ちた発表が行われた。

地域の先生である加藤リツ子、渡辺徳子、今泉富代と座談会を行った。

（二〇二四年五月一五日、よりあい処「華」にて）

――都路で学校が再開した時の思いをお話しください。

渡辺：ほっとしたな。それが一番だな。避難してだ時は、お互いに電話して泣いてだもんな。

加藤：町の中に子どもの声が聞こえるってのはいいどな。幼稚園の子どもなんか、手つないで歌いながら歩っていだもんな。子どもらだって、安心したどな。避難してだどきは、「放射能くんな。うづっから」なんて、いじめられたこともあったもんな。

――「校長先生、何でも言ってください。どんなことでもしますから。草むしりだって、窓ふきだって、何でもやりますから」とお話しいただいたことを鮮明に覚えています。これほどまでに協力している思いを聞かせてください。

渡辺：なんで学校さ協力すっがっていうど、都路の子どもをよくしていどな。都路をもっと盛り上げていどな。やっぱり都路に愛着あんだ。そして、何のかんの言ったって、子どもが一番なんだ。

加藤：ここで、みゃーこちゃんだのコージくんだのつくった時も、針使うの危ねえから子ども一人に年寄り一人付けてやったな。あっちこっち声かけで集めだな。三年生に教えんだげんと、裁縫は五年生から習うって話だもの。んでも、年寄りも集まっと、みんなうれしんだ。手紙なんかもらったりしてな。あれは俺の宝物だ。少しぐれい落ち込んでたって頑張んねっかと思うもんな。

渡辺：子どもに関わってっと、楽しみもあって、何か得したような気がすっとな。自分ばっかり、申し訳ねえど思うどな。んだがら、みんなに関わってほしいどな。み

〔みゃーこちゃん完成記念写真〕

んな出しゃばればいいんだ。出しゃばって、子どもとうんと関わればいいんだ。

あど、他の子どもと関わってっと、子どもらみんな仲良くしてほしいと思うどな。

――印象に残っていることがあったら、教えてください。

渡辺：子どもはとにかく何でも自分でやりてんだな。できなくたってやりてんだ。細けいどこ縫う時だって、手伝おうとすっと、「自分でやります」だもの。

加藤：んでも、やってるうちにうまくなっていくんだっけ。なかなかできない子どもも何人かはいっけどな。畑つくっときど同じだな。

渡辺：あんどきも、気はつかったどな。「虫（害虫）はどうすればいいんですか」って聞かれたときは、農薬は使っても大丈夫なのがと考えたし、「虫は殺さないで」なんて顔してる子どももいるし、どうすればいいか迷ったどな。

渡辺：いろいろな子どもがいっからな。んでも他の家の子どもも自分の孫と同じだと思ってやってだな。孫んとこにあそびに来たときだって、「くづ、脱ぎっぱなしだべ。ちゃんと揃えねっかだめだべ」なんて怒ってやったな。次に来たときは、「ほらおごられっから、揃えっぺ」なんて言っててんだっけ。子どもは素直だどな。んだがら、自分も純粋な気持ちになっとな。

今泉：あれは何年生だったがな。学校が終わってから、ここに来た子どもらが部屋に吊るしてあった手作りのみゃーこちゃんを指さして「これ作りたい」って言うんです。

私は、「教えてあげたいけど、勝手にできないから校長先生に聞いてきな」って言ったんです。そしたら、校長先生は、「教育の場は学校だけではないから」って、言ってくれて。早速、年寄りが集まってここで勉強が始まったんです。年寄りは方言丸出しでしゃべるもんだがら、子どもらは「今、何言ったんですか」としょっちゅう聞いてましたよ。

〔みゃーこちゃん〕

当時、三学年担任であった横田和典教諭の御礼の手紙には、「一人一人の手芸技術に応じたご指導のお陰で、子どもたちは自分の力でつくることができたという思いを持つことができ、大満足です。みなさんとの触れ合いが心に残った子どもも多く、このような地域の方から愛される経験が地域を好きになり、地域に貢献しようとする心の原動力になるのだと強く実感した次第です」と記されている。

【伝統和太鼓の復活】

平成十八年四月に古道小学校へ統合した旧大久保小学校(注11)から引き継がれた和太鼓の演奏は、仮校舎でも続けられてきたが、学校再開時には活動を継続しないことが決定されていた。二校に分かれてしまうために児童数が減少することなどが理由である。事情は理解できても、あまりにも残念であった。地域に内在する教育的価値の一つであり、学校再生には欠かせない活動であると考え、地元の指導者である坪倉新治に、その思いを伝えた。

坪倉は、復興に向けた仕事をはじめ、公私にわたり多忙の最中にあった。そのうえ、学校が高学年の負担過重を懸念して中学年での和太鼓復活を目指したため、発達段階に即した新たな曲作りとともに、指導上の配慮と工夫が求められるなどの難題が想定された。それでも、地域を担う子どもたちのため、覚悟をもって引き受けたのである。

完成した曲は、坪倉の依頼を受けた校長が「古道の風」(注12)（こどうのかぜ）」と命名した。そこには、和太鼓の響きが風となり、地域のみなさんに元気や勇気を届けられるようにという願いが込められている。平成二十七年六月十七日、眠りから覚めた和太鼓の音が五年ぶりに古道小学校の体育館に響いた。三、四年生十八名による地域の伝統文化を学ぶ学習（総合）がスタートした。

その年の九月二十日（日）、都路地区敬老会で初めて「古道の風」が演奏された。練習を始めて三か月余りであったが、その上達ぶりには本当に驚かされた。復活の和太鼓演奏は、風となって会場いっぱいに響き、子どもたちを躍動させた。盛大な拍手は鳴りやまず、涙を流す高齢者も数多く見られた。子どもたちは、緊張の中にも満足気な表情を見せていた。仕事の調整に苦慮しながら指導にあたってきた坪倉新治へも、感謝の思いを伝える一つの機会となった。

〔2015.9.20 都路地区敬老会での発表〕

【古道の未来を語ろう！　理想の町づくり学習】

東京電力福島第一原発事故の避難指示が解かれ、元の校舎で再出発した学校がある。課題を抱えつつ再生への試行錯誤を重ねている。一月二十六日、田村市都路地区の古道小。六年生十六人がお世話になった住民を招き、感謝の気持ちを伝えた。「都路をもっと笑顔にしたいので、これからもいろいろ教えてください」地域との接点を増やそうと、積極的に外に出る。古里で頑張る人を紹介するビデオ制作に取り組み、この日は旅館経営者の男性や、バレーボールの監督ら取材した五人に手紙を手渡した。（略）少人数でも社会性を養うため、大人を巻き込んだ授業に力を入れる。「農業や伝統文化など多彩な経験を持つ『先生』がいる。学校が立ち直るには地域との関わりが欠かせない」と根内喜代重校長は説く。

〔河北新報　二〇一六年（平成二十八年）二月二日朝刊より〕

都路の復興は、みんなの願いである。六年生は、そのことを地域住民とともに考えることで地域と関わろうとした。

旅館経営者への取材では、「垂れ幕が写ったパネル」が店内にいくつも掲示してあることに着目した。垂れ幕には、「都路から灯を消すなあ」「おかえり、首を長ーくしてまってたよ（キリンの絵も）」「笑顔を見ると元気が出る」などと書かれている。避難指示解除後に、往来する人や車から見えるようにと旅館の壁面へ掲げていたものであり、店主（吉田幸弘）の都路再生に懸ける熱い思いが込められている。そのことを多くの人に伝えたいという思いが、学びの主体性を引き出し、地域のために頑張る人を紹介するビデオ制作となり、完成版は全校生へ披露された。

単元の導入では、古道地域の今と昔のイメージマップを作り、違いを考えさせた。昔は、映画館があり、人がたくさんいて、店もいろいろあったことがわかった。もっと明るい町にするために、地域の役に立ちたいという願いが強ま

〔旅館に掲げられた垂れ幕〕

り、自らを「都路をもっと笑顔あふれる町にし隊」と名づけて活動に取り組んだ。

その一つとして、お年寄りに元気になってもらいたいと、特別養護老人ホーム「まどか荘」を訪問した。高齢者擬似体験を行い、利用者の好きな曲を調査し、「ふるさと」や「もみじ」を歌った。涙を流しながら一緒に歌う姿を見て、人に喜んでもらえる活動ができる自信がついてきた。校内では、毎朝のあいさつ運動を自主的に行った。

田村市復興応援隊(注13)からは、現在の都路での活動や町づくりについて話を聞き、公園や店舗の必要性、空き家利用などの課題をチャートにまとめた。自分たちができることから始めようと、復興応援隊等の協力を得て、郷土料理CMを制作した。さらには、自分たちが考えた町づくりの実現を目指し、都路行政局市民課へ出向いて話を聞いた。

地域を調べ、地域の人と語り合うことで地域復興への思いを知り、自分も地域のために役立ちたいという思いが生まれてきた。地域という対象に繰り返し働きかける学びは、地域の一員としての自覚を芽生えさせたのである。

このように、学びの基礎を身近な地域に置き、実社会とのかかわりを重視した学習は、「探究のプロセスを意識した学習活動」を実践しようとする教師の創意工夫にも支えられている。

例えば、二学年の「すずりんファームカレンダー」(農事暦)は、野菜の育て方について写真や絵、説明、感想をカレンダーとともに示すようにした。課題意識を継続させた学びの実現に有効であった。

三学年の「かさまつ学びマップ」は、学習活動の流れが一目で分かる単元計画表である。課題を全体で共有し、児童の願いから学びを生み出していくのに有効であった。

〔6年生サムネイル入りワークシートを活用した話し合い〕

四学年は、「学習進行表」を作成し、郷土料理体験までの経緯や体験の感想を記入できるようにした。活動のプロセスを可視化する試みは、課題の積極的な探究に有効であった。

六学年は、「表現力」「ストーリー性」「テーマとの整合性」の三つの観点を明らかにしたチェックシートを活用した。学習課題を整理・分析させることで、自分や友達の考えを「可視化」し改善の助けとした。また、ビデオ内容を視覚的にとらえるためにサムネイル（画像データ）を取り入れたワークシートを活用した。根拠を明らかにして改善点を考える手助けとなった。

教師たちは、既成の指導方法にとらわれることなく、それぞれがテーマ性をもって、新しい学びの創造へ挑んだ。活動に満足するのではなく、「どんな力をつけるのか」を常に意識した。それらのことが子どもたちの創造的な学びにつながっていったのである。

三　ここには「ない」ものからの学び

質の高い教育の実現を目指す学校は、地域の教育資源の活用だけでなく、地方の山間部で生活する子どもたちが得にくい学びの機会を可能な限り位置づけていこうと考え、「知的好奇心の引き出し」「表現力」「コミュニケーション力」をキーワードとして、次のような取り組みを行った。

【直接体験に優るものはない】

~芸術鑑賞教室　12・16（火）~

イッツァフォーリーズの皆さんによる「ファーブル昆虫記~ムシたちの四季~」とい

うミュージカルが開催された。会場を巻き込んでの楽しいパフォーマンスから始まり、春の訪れとともに動き始めたムシたちが、冬を迎え一生を終えるまでの様子を表現する。その中で、次々と繰り広げられるダンス、テンポのよいセリフ、素敵な歌声に会場全体が引き込まれた。四〜六年生は、八月のワークショップによる指導をもとに、本番に備えて練習を重ねてきた。息の合った演技や一人一人の切れのある動きには本当に驚かされた。会場からは大きな拍手が響き渡り、出演者からも称賛の言葉があった。（平成二十六年度「学校だより第十三号」より）

〔2014.12.16 芸術鑑賞教室：４〜６年生出演〕

行事名のとおり鑑賞することが目的であったが、子どもたちの参加を要望した。ミュージカルの企画変更をはじめ、指導者の確保や指導方法、衣装、演技習得への不安など、さまざまな課題が生じた。それでも個の持つよさを引き出し、表現力を高めていく絶好の機会を簡単にあきらめるわけにはいかなかった。その強い願いが、劇団を動かした。そして、子どもたちは見事に演じきった。この経験が必ず生きていく糧になると願っての取り組みであった。

【驚きから　学びが広がる】

～サイエンスショー　7・7（火）～

サイエンスショー『体感！　南極ブリザード』が開催され、全校生五十六名が保護者の皆様とともに約一時間の科学実験を楽しんだ。水は温度が下がると氷のようになったり、巨大な雲のようになったりする。劇的に形を変える水の状態変化について体感を通して学ぶことができた。「田村っ子の元気を支援する事業」の一環であり、子どもたちの知的好奇心を引き出し、学ぶ意欲を高め、思考力や判断力・表現力の向上に結びつけようというも

〔2015.7.7 光の不思議な世界を覗く〕

のである。（平成二十七年度「学校だより第八号」より）

当時の教職員は、あのような歓声は初めて聞いたという。大都市へ出向くには経費と時間がかかることから、「行けないなら、来てもらえないか」という発想から粘り強く交渉して実現した。「百聞は一見にしかず」というが、未知の体験が感動を呼び、知性を刺激し、探求心が育まれることを期待した。一過性の感動にとどまらせず、課題解決に向けた粘り強い学びにつなげようとしたのである。

【本物からしか得られないものがある】

登山家であった田部井淳子（注14）が「世の中には見なければ信じられないすばらしい自然がある」と新聞に掲載したことを記憶している。自分の五感をもって初めてわかる本物との出会いをできる限りつくりたい。その一方策として、本物の音楽にふれる機会をつくろうと、復興支援事業を積極的に活用した。

平成二十七年六月十二日に開催した「福島復興支援コンサート」では、「カルテット　ソレイユ」という四名のグループが来校した。ピアノ、チェロ、クラリネット、マリンバなどを用いて、「さんぽ」や「天国と地獄」などの曲が演奏され、感動の世界を満喫しながら豊かな感性が磨かれる貴重な機会となった。

同年九月二十四日に開催した「東北希望コンサート」では、「たをやめオルケスタ」という十八名の女性からなるジャズバンドの迫力ある生演奏が行われ、体育館は興奮の空間となった。トランペットやサックスなどの楽器紹介にも興味津々であった。企画の趣旨にある「震災復興の希望である子どもたちの心の中に、勇気と希望、癒しと再生の灯をもたらすこと」に確かにつながった。

同年十一月二十日には、「札幌交響楽団」のオーケストラ公演を鑑賞した。文化芸術による子供の育成事業の一環として、共に再開した岩井沢小学校の体育館で開催された。国内はもとより海外でも高く評価されている透明感のある

〔2015.9.24 東北希望コンサート〕

サウンドとパワフルな表現力は、子どもたちの感性を刺激した。「威風堂々」や「天国と地獄」などの演奏とともに、ヴァイオリンやフルート、トランペット、マリンバなどの楽器紹介だけでなく、演奏や指揮の体験も行った。

これらの感動やあこがれは、志を育み、それが困難を乗り越える学びの力となるはずであり、優れた芸術鑑賞の機会は、豊かな心の育成や内在する才能の発掘にもつながっていくことを期待した。

【世界と関わる】

平成二十七年六月十四日、「逃走トラに襲われ男性死亡、洪水被害のジョージア」のニュースが流れた。首都トビリシでは、十四日の洪水で少なくとも十七人が死亡し、市中心の動物園からは洪水でライオンやトラ、オオカミ、カバなど数百頭の動物が逃げ出し、ジョージア政府は市民に外出しないように呼びかけていた。決して起こってほしくない災害であったが、世界とつながっていることを実感させられる出来事でもあった。「あのジョージアの人たちのために」と、子どもたちによる「ジョージア支援プロジェクトチーム」を結成した。

実は、学校を再開した平成二十六年の五月に、ジョージア国（当時はグルジア国）の大使が、激励のために来校したことにある。あの時、仲間と力を合わせ、前に進むたくさんの元気と勇気をいただいた。そのジョージア国が洪水被害を受けて大変な状況のときに、今度は「私たちに何かできることはないか」と夏休み前に問いかけたのである。

全校生のさまざまな意見を集約した結果、「①ジョージア支援の募金をしよう」「②千羽鶴をつくって届けよう」「③応援メッセージを寄せ書きして届けよう」という三つの活動に取り組むことになった。

募金額は、2万8468円になり、ジョージア大使館を通じて届けた。「千羽鶴」と「応援メッセージ」は、ジョージア大使館並びに公益社団法人　3・11震災孤児遺児文化・スポーツ支援機構の協力により、「ジョージア冬合宿」の参

〔2014.5.20 ジョージア国の大使来校〕

加一団に依頼することができ、何とか一つの区切りの日を迎えたが、そこに至るまでには、さまざまな試行錯誤があった。

例えば、被災者に必要なものを届けようと、衣類や学用品などを集めて送ることを考え、はりきって活動を始めたが、それを送るには高額な料金がかかることを知り、落胆したこともあった。思いを込めたメッセージも、日本語で書いて分かってもらえるのかと悩んだ。千羽鶴は折り方を教え合いながら全校生で取り組んだが、まとまった形にするまではかなりの時間を費やした。一つ一つ乗り越えることで、ここまでたどり着いたのである。

それでも、国を越えて人のために役立とうという思いや願いを実現しようとする取り組みは、グローバルな社会の中で生きていく力をつけるとともに、社会奉仕や思いやりなどの心を育むために大きな意義がある。世界に目を向けるだけで

〔ジョージアへ贈る千羽鶴とメッセージの完成〕

なく、世界と関わっていくという実体験は、目的に応じた納得解（注15）を見いだす具体的な活動でもあった。

世界を知るということは、自分を見つめ直し、多様なものの見方や考え方ができるようになるという点からも大切である。

平成二十七年十二月二十一日、青年海外協力隊などで活動していた東郷知沙を招いて五年生の道徳の授業を行い、「国際理解と親善の心を育む」というねらいで、ガーナの生活や文化について学んだ。素手で食事をしたり、お葬式で踊ったりするなどの日本文化との違いだけでなく、家族や友だちを大切にすることや毎日の入浴や清掃、将来の夢を持って勉強しているという、自分たちとの共通点にも気づくことができた。

三月十四日、六年生の社会科では、青年海外協力隊員としての活動体験や現地の人々の様子などを学んだ。「隊員になるにはいろいろな訓練が必要なんだ」「日本は平和でいい国だ」「日本

〔2015.12.21 道徳の授業〕

人は、貧しい国の人を幸せにするために指導していてすごい」といった感想が見られるなど、世界での日本の貢献や役割について理解を深めた。

東郷は、「調べて理解することとともに、自分で見たり、感じたり、考えたりすることを大切にしてほしい」と伝えた。当時、福島復興局で仕事を行っていたが、アフリカのガーナで二年間勤務し、中東や欧米など多国への訪問歴があり、都路町に居住する数少ない外部講師としての適任者であった。

「ここには『ない』ものからの学び」は、「ここに『ある』ものからの学び」を深化させる側面も持ち合わせている。すなわち、初めて目にする科学や音楽の世界への驚きや感動、多様な文化にふれる体験は、知的好奇心を引き出し、学ぶ楽しさを育むとともに、これまで当たり前に存在していた身近にある豊かな自然や伝統的な文化、地域の農林業やそこに関わる人々の生き方を再考し、それらに秘められた新たな価値や意義に気づかせてくれた。「あるもの」を生かし、「ないもの」にふれる機会をつくることは、物事を多面的・多角的に考える力を育み、真の価値を追究する学びへ向かわせたのである。

例えば、畑で野菜をつくる、しかも土壌調べや畝作りからはじめ、苗植え、肥料や水やり、害虫や害鳥獣の対策など、地域の先生の応援のもと、土にまみれ汗を流しながら育てる。様々な苦労がある。試行錯誤しながら世話をし、一喜一憂しながら成長を見守り続ける。それだけに収穫時の喜びは大きく、感謝の思いも募ってくる。その体験は、野菜を見る目や味わいをこれまでとは全く違うものにさせる。本当に大切なものは何なのかを見る目が養われていく。その積み重ねが、人生の成功を収めたり、華やかな世界に身を置いたりする人たちの背景には、計り知れない努力や苦労あり、多くの人とのかけがえのない出会いがあったであろうことを感じ取る心を育んでいった。感性が磨かれるとは、そういうことではないだろうか。

このような学びが「都路が好き」という思いの質を高め、曖昧であった「自分の居場所への自信や誇り」を少しずつ確かなものにしていったに違いない。

このことは、どのような社会になろうとも、幾多の困難を乗り越え、人や社会の役に立つことに喜びを感じながら生きる礎となるはずである。幸福の価値観の再考まで求めた大震災からの学校再生にあたって、そういうことを学べる小さくても魅力のある学校を目指したのである。

どのような時代になろうとも、未来を方向づけるのは「人」なのだから。

第四章　私たちが地域の力になる

～「ＦＵＲＵ15（古フィフティーン）」のチャレンジ～

（平成二十七年度　古道小五年生・キュウリジャム開発初代児童）

一　夢を育てる野菜づくり

学校再開二年目、古道の丘の東側にある「すずらん農園」は、今年も堆肥が入り、トラクターできれいに耕かされ、「学びの土壌」となった。総合的な学習の時間で野菜づくりに挑戦する五年生には最も多くの畑地が配当された。関根理子教諭と子どもたちは、その畑を改めて眺めた。

「この畑で、どんな野菜を作りたい」

「えっ、何を作ってもいいの」

「もちろん、みんなが作りたい野菜を作っていいよ」

驚きと喜びを混在させながら、思いついた野菜の名前をあげてはみるものの、決め手はなく、行き詰まり感が漂ってきた。

「じゃ、作りたい野菜の種類を整理して、作り方を調べてみたら」

担任の助言を得ながら、家族への聞き取りを中心に、都路に適した野菜などを調査した。収穫時期を見据えながら、調べては話し合うことを繰り返し、最終的に十三種類の野菜を選定した。

いよいよ野菜苗を植える日がやってきた。長靴を履き、軍手をして、鍬や苗を持って畑に向かう姿は、何ともぎこちないが満面の笑顔だ。昇降口からわずか百メートル足らずの坂道をどんな思いを巡らしながら登っていったのだろうか。

畑に着くと、地域の先生である加藤リツ子、今泉富代、渡辺徳子の三人が既に到着していた。あいさつが終わると、さっそく畝づくりが始まった。見よう見まねで鍬を動かすが、簡単にはいかない。それでも、汗を流す努力が畝という形に変わっていく充実感があるのだろう、子どもたちの動きが止まることはない。畝に一定の間隔を取りながら穴を空け、苗を植えていく。畑下の水道から汲み上げてきた如雨露の水をやさしく苗にかけてあげる。

作業開始から約二時間、完了とはならなかったが、何とか畑らしくなってきた。野菜を作っている家庭は多いが、作業にかかわ

〔畝作りへの挑戦と願いを込めた野菜苗の植え付け〕

る子どもは少ない。それだけに貴重な体験となった。加えて、一連の作業の中で目にする地域の先生の振る舞いや言葉かけ、それを受けて行動する仲間の姿、必要なコミュニケーションの取り方などから、一つの目的を達成するために人がどのように関わり合っていくのかということも学んだはずである。

そして、苗植えを終えた喜びは、本当の大変さを味わう始まりでもあった。毎朝、如雨露たっぷりに水をくみ、急ぎ足で坂道を上る。スクールバス到着後、始業までの時間はわずかである。当番活動を終える頃は汗だくになっている。

害虫との戦いもあった。アブラ虫がついてぐったりしたキャベツを元気にしようと、「害虫バスターズ」を結成し、調べ上げた対処法を施すことを繰り返したが、改善には至らなかった。最終的には地域の先生（加藤リツ子）に教えを請うたが、時すでに遅く、キャベツ苗は全滅した。その他の野菜も、とうもろこしは猿になぎ倒され、ミニトマトは鳥に食

〔地域の先生と畑づくりの達成感を味わう〕

べられ、人参は夏の雑草に負けて数本しか生き残らず、枝豆の収穫も少量であった。それでも、時が過ぎ、キュウリなど野菜の収穫を迎えたときの子どもたちは、とびっきりの笑顔を見せ、苦労を振り返りながら喜びを噛みしめていた。同時に、失敗からの学びは、知識や技能の習得だけでなく、困難な課題にも粘り強く立ち向かう精神的な強さを育むとともに、次年度の計画的な雑草取りや除草シートの活用などの具体的な対策にもつながっていった。

二　キュウリジャムの誕生

五年生が野菜苗を植える頃、林裕一教頭が、「福島発のキュウリビズ　愛情込めてキュウリ栽培大作戦」(福島民報社、JA福島中央会、JA全農福島の共催）の参加について、担任の関根理子教諭へ声をかけた。キュウリビズ大作戦主催者から十本のキュウリ苗の提供があり、すずらん農園での野菜作りに加わった。この企画の課題に「レシピ開発」という項目があり、その学習が始まった。

〔ワクワク感のあるレシピ開発〕

家庭への調査によると、キュウリが食卓に登場するのは、漬物やサラダなど副食（おかず）としてだけであった。そこで、関根教諭は、「先生の好きなスイーツにはならないだろうか」と問いかけ、アイディア考案の方向付けを行った。水分量が多く、くせのない味であり、きれいな色であることから、ゼリーやジャムになるのではないかという期待感もあった。好奇心旺盛な子どもたちは、「それがいい。先生の好きなスイーツをつくろう」と意欲に満ちた声をあげ、開発に取り組むことになった。

平成二十七年七月七日（火）の授業参観日、五年生は、レシピ開発の学習を保護者参加型で行った。試作品として登場したのは、「チョコキュウリ（チョコバナナのイメージ）」や「キュウリの砂糖シロップと蜂蜜漬け」、「すりおろしキュウリを凍らせる（後日かき氷を試作）」、「イカ人参キュウリ」、「ミソマヨキュウリサンド」などである。

試食した結果、子どもたちに評判が良かった「チョコキュウリ」は、大人の味覚には全く合わなかった。「蜂蜜漬け」は、

〔2015.7.7 キュウリジャム誕生〕

蜂蜜の味と甘みが強すぎ、砂糖につけたものは皮が固かった。火を通さない「砂糖入りのペースト」は、青臭さが強く、何れも採用には至らなかった。

この日、キュウリジャムの試作実験も行われた。キュウリの形を残したいという考えをもとに、キュウリをすりつぶしたものとみじん切りにしたものを混ぜてみた。ジャム作りの調査情報からレモン汁を入れる実験も行った。爽やかな味のアクセントにはなったが、キュウリにはペクチンが含まれていないため固まるまでには至らなかった。このときの感想に「カボチャのような味がした」とあったが、これがウリ科の植物の共通点であり、後にキュウリジャム販売のかけがえのない協力者となる「福福堂」[注16]の稲福由梨が指摘した青臭さだった。

いずれにしても、子どもたちや保護者の大きな喜びとともに、キュウリジャムが出来上がったのである。平成二十七年七月七日は、キュウリジャム（都路キュウリマン）の誕生日となった。この産声を上げたばかりのキュウリジャムが、これから多くの人の期待を背負って成長していくことになる。

なお、最終的に、キュウリジャム、キュウリかき氷、ミソマヨキュウリサンド、イカ人参キュウリが「古道小五年生のレシピ」として、九月上旬に提出した「キュウリ栽培大作戦レポート」

にまとめられ、審査の結果、見事に入賞（郡山大新青果社長賞）したのである。誰かに認められ、称賛を受けるということは、喜びであり、自信となり、学びへの意欲をかき立てた。自分たちが開発したと自負するキュウリジャムの存在は、学校生活全体に活気と潤いをもたらしていった。

九月十六日、もう一つの教室「よりあい処　華」には、都路町や田村市内からだけでなく、会津若松市やいわき市、遠くは埼玉県川口市からの客が訪れていた。そこで、子どもたちが作ったイカニンジンキュウリやキュウリジャムが試食として振る舞われた。店主の今泉富代は、多くの人から試食の感想を得ることでキュウリジャムの改良に役立てようとした。地域の先生と子どもたちは、以心伝心である。感想の中には、「キュウリジャムのアイディアは、すばらしい。食感を出すための角切り（サイコロ）も良い」（いわき市、佐藤、中村）とあったが、このキュウリの食感を残すことは、開発したキュウリジャムの特徴のひとつであり、改良を重ねる中でも、ずっと大事にされていった。その後も度々試食の機会がつくられ、多くの感想がキュウリジャムの改良を後押しした。

十月二十日には、田村地区小学校教育研究会家庭科部会の学習指導法研究会が古道小学校で開催され、五年生が公開授業を行った。その機会に「授業前のおもてなし」として、参加教員へお茶やキュウリジャムを振る舞い、感想を求めた。ジャムに合うように紅茶の入れ方を学習したり、宣伝効果を高める言葉かけを吟味したり、質問に答えられるように学習のふり返りも行った。研究会に参加していた岩江小学校の伊藤久美子教諭は、「すごい。家庭科の力を生かして子どもたちがジャムを作り出すなんて。おもてなしの気持ちやお茶の入れ方まで、とにかく感動した」と語っている。

なお、キュウリジャムを開発した学習活動は、伊藤教諭が教育的価値を強く感じたこと

リンク p.129

資料2　地域を笑顔《えがお》に　～福島県の小学校6年生の取り組み～

● 入学直前に東日本大震災《だいしんさい》

私たちは小学校に入学する直前に東日本大震災を経験《けいけん》しました。避難指示《しじ》解除《かいじょ》後，2014年度から本校舎《ほんこうしゃ》での学習が再開《さいかい》されました。1日でも早い地域の復興《ふっこう》を願い，小学生の私たちが，地域のみなさんを笑顔にし，私たちの地域を元気にしたいと思いました。

手ぬいで着ぐるみを作り，地域の方々にPRしたよ。

● 家庭科で生かせる力

私たちは，学校の畑で採《と》れたきゅうりを使って，地域の特産品を作れないかと考えました。地域の人々の協力を得《え》て，私たちのアイディアをもとにキュウリマンジャムを作ることができました。その際《さい》に家庭科で学んだことを生かして，きゅうりの調理，びんに付けるラベルの作成，キュウリマンの衣装《いしょう》の製作《せいさく》，きゅうりを使った料理の提案《ていあん》などを行いました。

学校祭のときには，キュウリマンジャムとお茶で地域の人々をおもてなししました。

家庭科の学びを生かして，きゅうりを使った料理を考えたよ。

● 地域を元気に

地域の祭りに参加し，キュウリマンジャムを地域の人々にしょうかいしました。たくさんの人に喜《よろこ》んでもらうことができました。自分たちが作ったジャムを食べ，小学生でも自分たちの力で地域のために行動することができると思いました。

地域の祭りの参加方法を地域の人と相談したよ。

〔「新しい家庭 5·6 年」126 頁（東京書籍）〕

がきっかけとなり、小学校家庭科教科書（東京書籍令和二年度発行）に採用された。

十月三十一日の「すずらん発表会（学習発表会）」開催の折に、保護者や地域の方を対象として「ヨーグルトに乗せたキュウリジャム試食」の機会を設定した。アンケートの回答内容は、肯定的な意見が多く、満足感とともに学びへの意欲を一層高めた。

十二月十七日（木）には、野菜づくりなどでお世話になった地域の先生を招待して「感謝の会」を行った。そこで、子どもたちが作詞・作曲した「キュウリ音頭」が初めて披露された。

♪　キュウリ音頭

一　キュウリを食べましょう　おいしいキュウリを
みんなで食べましょう　しんせんなキュウリを
食べましょう　食べましょう
みんなで食べましょう

二　暑い日は食べましょう　おいしいキュウリを
からだを冷やす　おいしいキュウリを

食べましょう　食べましょう
みんなで食べましょう　♪

作詞　古道小五年生
作曲　髙橋　公太（五年生）

感謝の会を企画する中で、活動の発表に加えて、歌のプレゼントが提案されたことから、曲作りチームを結成して話し合いを重ね、「キュウリ音頭」が完成したのである。このときに「都路キュウリマン」の着ぐるみを着たマスコットも初登場し、歌に合わせた踊りが披露された。収穫した野菜で作った「かぼちゃプリン」や「キュウリジャム」、「ミネストローネ」、「ふかし芋」などの料理も振る舞われた。地域の先生への感謝の気持ちは、確かに伝わったはずである。

その後も、様々な機会をとらえて感想や意見を収集し、改善すべき点を吟味した。成功体験や称賛だけでなく、常に新しい課題が見えてくるところにこそ、学びの成就感が得られるのである。探求心はどんどん膨らみ、学びの創造は続き、キュウリジャムの瓶詰に使用するラベルやキャラクターの制作も行われた。

いつしか、「本当に商品化できるかもしれない」という思いが芽生え、夢は目標になっていた。平成二十七年度も終わりに近づいた三月。

「完成したキュウリジャムをいつか販売したいね」

そう願いながらキュウリジャムを容器に入れて持ち帰ることにしたが、原材料名などを記入したラベルが円錐状の容器の側面へまっすぐきれいに貼れないことに気づいた。何とかならないものかと試行錯誤したが、解決策を見出せないまま、時間ばかりが過ぎていった。

そうした折、コア・ティーチャーとして算数の授業を週一回程度担当していた都路中学校の星克洋教論に相談する機会を得た。星教論は、難しい計算式を用いて課題を解決し、実際のラベルを用いながら何時間もかけて丁寧に指導した。自ら発見した課題が、論理的に解明されていく過程は、驚きとともに、実生活の中で発揮される算数・数学の力を実感する機会となった。学びに向かう力が培われていく瞬間でもある。

〔学びと思いを繋いだキュウリジャム〕

星教諭が人事異動により転出する日、子どもたちは、完成したラベルが貼られたキュウリジャムを手渡した。互いの瞳には、涙が光って見える。決して忘れることのできない算数の課外授業となった。

学びは、多くの人とのかかわりの中で成り立っている。書物やＩＣＴを活用して調べることは当然大切であるが、互いの顔と心が見え、温もりを感じる言葉かけやかかわりが、子どもたちの学び方や生き方に与える影響は計り知れない。直接体験による学習や五感をフル回転させながら探求する意義について、改めて考えさせられる。学力向上を図るうえでの非認知能力の重要性の実証がなされている中、学校教育の在り様を模索するうえで、決して見逃してはならない学びの姿ではないだろうか。

三　初めての挫折

平成二十八年四月、「キュウリジャムで活気と笑顔あふれる明るい町にしよう」という学習がスタートした。単元計画シートの中心には、「地域の人とのつながりを大切にしよう」と書き込んでいる。初年度の活動を通して、都路のよさとは「人」であるということに気づいたからだという。

　また、活動を進めるにあたっては、キュウリジャムはあくまでも目標を実現するための一つの手段であり、キュウリジャム作りや販売目的で活動するのではないということも話し合っている。この学習の目的と手段を教師と子どもがどの程度共有しているかによって、教育活動の質は大きく違ってくる。「FURU15（古フィフティーン）」の活動は、そのことを特に大切にしていた。

　そして、この年は、古道小学校の最終年であり、子どもたちや担任にとって、一つの決意と覚悟を持ってのスタートとなった。

　「閉校」という文字が新聞に載ったのは、昨年（平成二十七年）の秋だった。地域みんなで大切にしてきた学校の閉校は、大きな衝撃であり、自分たちが最後の卒業生になるという現実を認識することとなった。関根教諭は、どうしたら締めくくりにふさわしい一年になるのか、古道小学校の名をどれだけ響かせ輝かせて閉じることができるか、そんなことを常に子どもたちと考えていたと語る。だからこそ、六年生スタートにあたっての学級目標「創学舎（学ぼう、創ろう、この学び舎で）」は、自分が決めたと言う。決して悲観的になることなく、主体的に多くのものを創り出してほしいとの願いを込めて。

平成二十八年六月、田村市滝根町で農産物の加工を行っている「福福堂」の稲福由梨宛に、キュウリジャムの商品化に向けた協力依頼の手紙を送った。

> ご協力いただけると復興応援隊の中岡さんからうかがいました。
> 私たちのクラスでは、総合学習で開発したキュウリジャムで『都路を活気と笑顔あふれる明るい町にしよう』というテーマをかかげ、学習しています。キュウリジャムを都路の特産品にし、人とのつながりを持ち、みんなを笑顔にするということを目標にしてがんばっています。稲福様にご協力いただけると聞き、みんな喜んでいます。
> これからもどうぞよろしくお願いいたします。（抜粋）
>
> 平成二十八年六月
>
> 古道小学校　六年生
>
> 稲福　様

六月十四日、「福福堂」の稲福由梨を招いて、農産物加工などについて学習した。冒頭に「キュウリをジャムにするという発想はすごい。私は、思いつきませんでした」というコメントがあり、子どもたちの表情は緊張から安堵と喜びに変わったが、それも束の間、商品開発の厳しさをたっぷりと味わうことになった。

「糖度が足りないからジャムとは言えない」「香りが青臭い」「色が悪い。ペーストのみの方がきれいだ」「食感はジャム特有のなめらかさが欠けている」など、次々に厳しい言葉が突き刺さってくる。子どもたちは、ショックを隠しきれず、呆然とした表情とため息ばかりとなった。多くの人に評価されながら成功体験を重ねてきただけに、プロの意見とはいえ、担任の心境もどん底であった。これまでは、子どもだから褒めそやされてきたのだろうか、地域の人たちだから受け入れてくれただけな

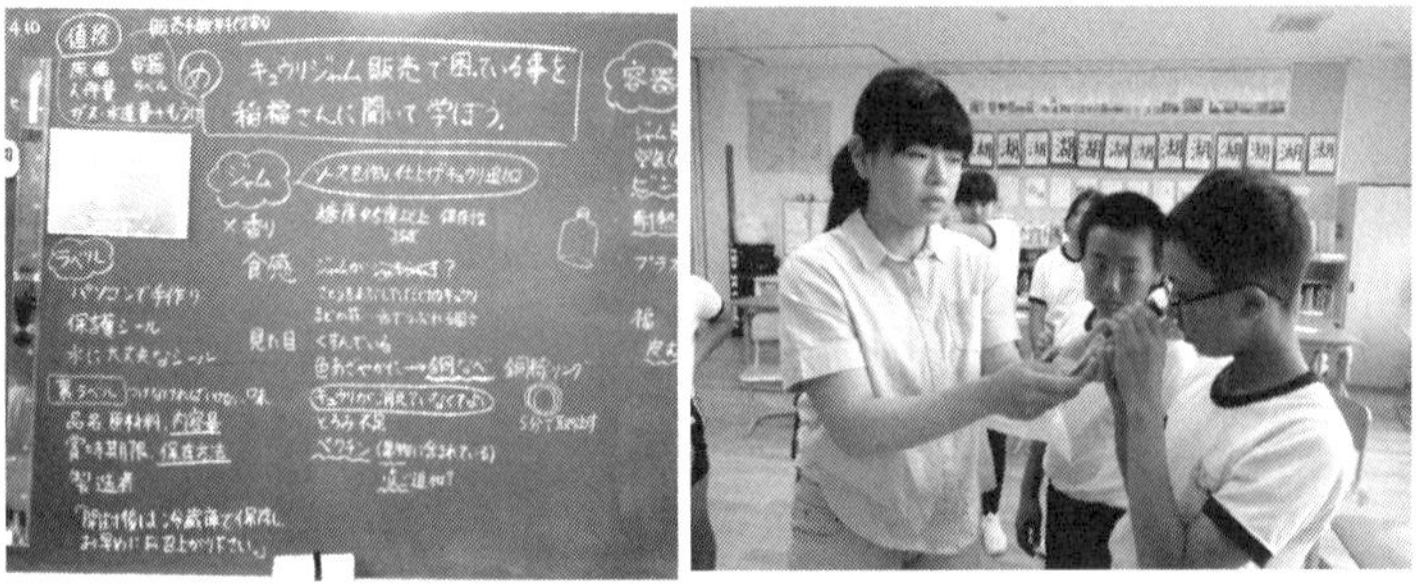

〔稲福由梨の指導が探求学習に拍車をかけた〕

のだろうか、甘えだったのだろうか、さまざまな思いが駆け巡るが、発する言葉は見つからず、それを考える意欲も出なかった。初めて挫折というものを味わったのである。

しかし、感想や指摘だけに終わらないのが、稲福の凄さであり、なんと、特製のキュウリジャムを作り、持参したのである。しかも、稲福が作ったキュウリジャムは、色や舌触りも申し分なく、子どもたちも「おいしい！」と顔をほころばせた。また、ジャムの糖度は四十五度と決まっていることを説明し、六年生のジャムを測定してみると三十四度であり、糖度が足りないことを客観的に示したのである。

さらには、商品化に向け、子どもたちが課題としてあげていた、「賞味期限は、どうやって決めればいいのか」「水が滲まず、きれいに貼れるラベルは、どうやって作るのか」「味は、大丈夫か」「商品として売り出せるのか」ということについても、賞味期限の設定やラベルシールの作り方、ジャムの色が悪くならない方法などを分かりやすく教えた。

二日後の六月十六日、田村市復興応援隊の中岡ありさは、関根教諭へ稲福からの伝言として、「矢吹農業短期大学は、加工の研修施設としては使えるが、そこで製造したものを販売することはできないこと。将来を考えた現実的な対策としては、『みやこじスイーツゆい（注17）』へ瓶詰め製造許可取得を依頼し、製造を委託するのが一番良いと思われること。洋菓子屋でのジャム販売の例は他にもあり、都路町商工会や管轄の保健所へ相談してみる価値があること。試作ジャムの補足として、キュウリを下ゆでした後、冷水で熱をしっかり取り、色の変色を止めてから半量をフードプロセッサーで細かくし、半量を角切りにしたこと」を灯まつり参加などに向けての協力が可能であることと併せて電子メールで送っている。

子どもたちは、挫折からの奮起を誓い合った。そして、稲福からのアドバイスをふまえて検討を重ねたところ、「ペクチンを加えるためにりんごのすり潰しを入れること、砂糖を白砂糖からグラニュー糖にすること、色を良くするためにキュウリの皮をむくこと、変色を防ぐための塩もみと銅線を入れて煮ること」などの改善点が見えてきた。なお、銅鍋は高価であり、購入できなかった。

残る問題は、食感である。稲福からは、固形物をなくしてはどうかという提案もあったが、これだけは譲れなかった。子どもたちは、固形物をなくしてはキュウリのジャムかどうかが分からなくなってしまい、意味がないと言うのだ。どうしてもキュウリの食感を残したいと根拠を明確にして主張する姿からは、確かな成長を感じ取ることができた。チョコキュウリの方がおいしいと話していた時とは違い、商品化するために何を大事にしなければならないかを真剣に考えているのである。

「キュウリの食感を残したいが、稲福さんのようななめらかな食感も出したい」という葛藤は、なめらかに煮詰めたものと角切りにしたものを両方合わせるとよいかもしれないという結論を導き出した。

そこで、歯ごたえのある角切りのキュウリを入れることを決定し、角切りとすりおろしのバランスを決めるために、砂糖、レモン汁、すりおろしリンゴ、角切りのキュウリの割合を何十通りも試し、改良キュウリジャムが出来上がったのである。

中岡ありさは、「今回の授業で、ずっともやもやしていたことや自分たちだけではわからなかったことを稲福さんに聞くことができたし、商品として売り出すには、様々な工夫や努力が必要なのだということにも気づけた様子であった」とコメントしている。中岡の支援は、子どもたちの夢実現に向けての大きな一歩となり、稲福由梨は、この先もかけがえのない協力者であり、理解者であり、支援者となっていくのである。

二〇二四年五月一五日、稲福由梨を担任であった関根理子とともに訪ねた。

――東日本大震災当時は、どうされていたのですか。

稲福：栄養技師として東京の小学校に勤務していました。田村市移住のきっかけは、二〇〇九年に田村市が企画したツアーで滝根町を訪れ、Ｉターンをして一人農業を行っていた現在の夫の手伝いをしたことです。実は、二〇一一年三月一二日に入籍する予定で、四月からは田村市職員として勤務することになっていました。震災で内定は取り消しとなり、移住もままならず、しばらくは滝根町へ週末通勤するという状況でした。二〇一二年、農家が抱える課題と向き合う中で、加工場をつくることを決意しました。近隣の農家は新鮮な野菜を長期保存することができず、一定期間過ぎれば捨てざるを得なかったのです。夫からは、借金せずにやれるならいいよという了承を得て、自分の貯蓄と助成金を活用して加工場を建て、二〇一三年「福福堂」を設立しました。自分たちだけでなく、地域の皆さんの加工場としても活用してもらい、捨てる野菜の削減と販路拡大につなげてほしいと願ってのことでした。

――キュウリジャム開発に携わる中で印象に残っていることを教えてください。

稲福：古道小学校を訪問したのは三回ぐらいだと思いますが、すごく印象に残っています。まず、キュウリ（野菜）をジャムにするという発想がすごいと思いました。この話を初めて聞いた時、「キウイフルーツじゃないの？」と聞き返したことを覚えています。キュウリマンというネーミングも面白いし、キュウリジャムの歌を作詞・作曲したり、着ぐるみをつくったりしてピーアールするなど、一つの商品から新しいアイディアが次々に生まれて、活動をどんどん広げていくことが刺激的で、とにかくすごいと思いました。それから、子どもたちに「やらされ感」がないことです。私の質問に、「無添加でつくりたい」「キュウリの食感は残したい」「青臭さを取りたい」「なめらかさを出したい」などと、具体的な考えを自分たちの言葉として返してきました。単なるジャム作りではなく、「商品化したい」という明確な目標を持っていたからなのか、自分たちで答えを出していく姿がとてもいいと思いました。

――試作品まで作って協力した思いを聞かせてください。

稲福：初めて会ったときに熱意を感じました。真剣な目で話を聞き、言葉や態度から本気度が伝わってきて、その思いに応えてあげたいと思いました。ただ、商品化するとなると妥協はできません。子どもが作ったからでは済みません。実は、私自身も何パターンも試作してみました。子どもたちの思いを入れたい、経費を削減したい、商品として売れるようにしたいなどを頭に置きながら試作を繰り返しました。改良を重ねながら完成させていくのは面白かったし、リンゴペーストを入れると滑らかさと甘みが出ることなど、私自身にとっても新たな発見がありました。だから、キュウリジャムは、子どもたちとキャッチボール（意見交換）をしながら、一緒に完成させたという思いを持っています。

――自分の考え方や生き方に影響したことは、ありますか。

稲福：始めから無理だとあきらめないことの大切さを改めて教えてもらったように思います。このことは福福堂でも大切にしていることで、私も商品開発をするときは、よそにないものを考えることからスタートしています。

そして、こういう教育があるんだなと思いました。かかわる先生によって子どもたちは、こんなにも変わるのかとも思いました。経験することの大切さも確認できました。先日、わが子が通う滝根幼稚園の園長先生へ自宅にあるブルーベリー園の見学を提案しました。地域にある身近な教育の場として利用してほしいと思ったからです。ブルーベリーが実っているようすを見て、どうやって育てているのかを知って、自分で収穫して食べてみながら、いろいろなことを感じ取るって、小さい子どもたちにはとても大切なことだと思うんです。私は今、食育サポーターとして親子料理教室などを行いながら、子どもたちの成長にもかかわっています。

稲福の話は、目指した教育と子どもたちの学びを具体的な姿を通してリンクさせてくれる。例えば、「発想がすごい」「活動をどんどん広げていく」「やらされ感がない」「明確な目標を持っていた」「自分たちで答えを出していく」「本気度が伝わってきて」などは、思考力・判断力・表現力等の育成を図るために教育活動にリアリティを生み出そうとしたカリキュラムのねらいとする姿である。稲福に「こういう教育があるんだな」と感じさせたことは、当時の教育に携わった教職員や地域住民の矜持にも繋がるように思える。

四　都路を元気にする～「灯まつり」出店～

都路の活気と笑顔をたくさんの人に伝えたい、そのために多くの人にキュウリジャムを食べていただきたい。そのまっすぐな思いが、次の手紙となった。

> 今日はお願いがあってお手紙を書きました。
> 私たちのクラスでは、総合学習で開発したキュウリジャムで『都路を活気と笑顔あふれる明るい町にしよう』というテーマをかかげ、学習しています。私たちの目標は、キュウリジャムを都路の特産品にし、人とのつながりを持ち、みんなを笑顔にするということです。その目標を達成するための一つとして、灯まつり（都路灯まつり）でキュウリジャムを使った商品を売ることができないかと考えました。今年の灯まつりに私たち古道小学校六年生を参加させていただけないでしょうか。できれば他の団体にご協力いただ

だき、キュウリジャムを使った商品をいっしょに販売していきたいと考えています。ぜひ、灯まつりへの参加を認めてください。

平成二十八年五月三十一日

古道小学校　六年生

灯まつり実行委員会　様

「灯まつりでの出店」は、子どもたちからの提案である。父母たちの灯まつり出店を耳にし、「自分たちも……」という思いを抱いたのである。「何かできないか、いい方法はないか」といった課題意識を常に持っているからこその気づきであり、発想であろう。発想や創意工夫といったものは、そう簡単に生まれるものではない。あれこれと考えを巡らしたり、情報収集に時間を費やしたり、何度も話し合ってみたり、失敗を繰り返したりする中で、あるとき、はっと解決の糸口となる何かに気づき、誰かの賛同が得られたり、認められたりしながら改めて課題と気づきを整理してみることで、霧が晴れるように解決の道筋が見えてくるのではないだろうか。そういう学びの体験を積み重ねていくことが、不透明・不確実とされる時代を生き抜く力になっていくのである。

早速、出店実現に向けた方策を探っていたところ、都路行政局産業建設課が「灯まつり実行委員会」を担当していることを知り、光明を得た子どもたちの期待感が、この手紙になったのである。しかも、単なる出店依頼ではない。出店できたら、何をしたいのか、そうするためにどうすればよいのかを考え、他の出店者へ販売協力まで依頼している。

しかし、家族同伴で参加していた小学生が、出店する側になるということは簡単なことではない。もちろん、自分たちだけでの参加は到底望めない。そこで、都路商工会をはじめ、地域の関係者へ協力を求めるなど、あらゆる参加方法を模索した。お願いの手紙もその一つであったが、友だちに書くようにはいかないため、書写の教科書にある手紙の書き方をもとに学び直しが始まった。言われてやるのではなく、必要から生まれた学びは、目の輝きが違い、思考を一層活性化させた。

関根教諭は、「必要感があって学ぶときに、本当の生きた学びが生まれ、身につくものであることを実感した。これまでの書写や国語科の指導で、私は教師として何を教えてきたのだろう、子どもたちが身につけることのできない意味もない指導を繰り広げてきたのではないかと、自省するばかりだった」と、振り返る。

その後、灯まつりの出店者会議において、「ＦＵＲＵ15（古フィフティーン）」の灯まつりでの出店が認められた。

「灯まつり」出店に向けて

灯まつりに出店するという具体的な目標は、活動に拍車をかけ、「ポスターをつくろう」「景品シールをつくろう」と次々にアイディアを生み、キャラクターであるキュウリマンを描く手にもいっそう力が入った。

手作りでの本格的なパンフレット作成にも取り組んだ。そこには、おいしそうなキュウリジャムの写真だけでなく、キュウリジャム誕生の歴史やおいしさのひみつが説明されている。さらには、キュウリジャムとのコラボ商品を扱っている灯まつり出店の掲載と「スタンプラ

〔主体的で深まりのある学び合い〕

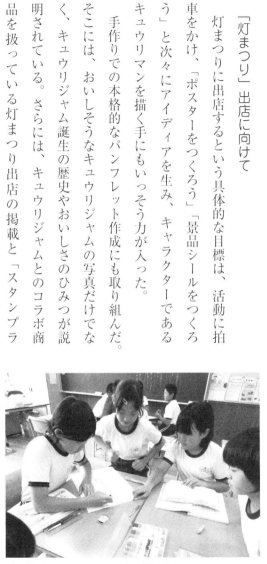

リー・コーナー」もついており、子どもたちの思いとともに、今のキュウリジャムにたどりつくまでの苦労や課題解決の足跡が読み取れる。

学び合うことにどれだけ手間や時間がかかろうとも、大変さなどは感じない。なぜなら、自分のために頑張り、自分が満足するというちっぽけなものではないのだ。地域という多くの人を元気づけるための活動なのだ。そのために自ら考え、表現し、行動しているのだ。

人は、誰かの役に立てると実感できるとき、自分の考えや行動を認めてもらえるとき、心ある応援を肌で感じるとき、自信をもって頑張ることができ、どんな困難をも乗り越えることができる。そして、人間にとって何が大切なのかを理解することができるのではないだろうか。そういう生きるための力を育んでいる子どもたちの姿が確かに見える。こうして、当日を迎える準備が着々と進んでいった。

夢を叶えた「灯まつり」当日

「都路灯まつり」の当日、着ぐるみのキュウリマンを含めた十五名の六年生と担任がステージに登場した。会場からは、驚きと励ましの大きな拍手が送られた。

「みなさん、こんにちは。私たちは、古道小学校の六年生です」
「突然ですが、これから私たちがつくった『キュウリ音頭』を踊ります」
「キュウリの良いところを歌詞にしました。ぜひ、歌詞に注目しながら、楽しんでください」

――キュウリ音頭披露　一分間――

「みなさん楽しんでいただけましたか」
「これからキュウリジャムの紹介をしますので、こちらの方もぜひ聞いてください」

――紹介――

「私たちは、総合的な学習の時間に『都路

〔キュウリ音頭披露〕

を活気と笑顔あふれる明るい町にしよう』というテーマで活動してきました。そこで、私たちが開発したキュウリジャムを都路の特産品にしたいと考えています。今回の灯まつりでみなさんにキュウリジャムのことを知ってもらおうと、四店舗でコラボ商品を出しています。場所や店舗については、ポスターやパンフレットをご覧ください。

そして、みなさん、ぜひ食べてみてください。キュウリ・スタンプラリーもやっているので、たくさん食べてキュウリマンシールをゲットしてくださいね」

キュウリジャム販売の記念すべき日である。ステージでのオープニングを終えた子どもたちは、緊張と期待感を胸いっぱいにして店頭に立った。店先のポスターには、キュウリジャム・フランスパン二十円、キュウリジャム・ヨーグルト五十円、キュウリジャム・クレープ二百円などと表示されている。子どもたちだから描ける文字やキュウリマンの絵は訪れた人たちの目を引くが、何よりもスカーフとエプロンを身にまとった姿が多く

〔初めての店頭販売〕

の人を立ち止まらせた。

店舗での販売活動が始まると、大きな緊張に包まれ、どう声をかけようかと迷ったり、黙って立ち尽くしてしまったりする児童もいた。「いらっしゃいませ」と声に出すのが精いっぱいのようすであったため、関根教諭は、それぞれの店舗を回り、お客様への声かけをやって見せたり、自分たちが開発したジャムを使った商品であることを伝えるよう指示したりしながら鼓舞した。各店舗を二回りする頃には、「おいしいですよ。キュウリを使ったジャムなんです。無添加ですよ」などと、ようやく本来の声で呼びかけや接客ができるようになり、「先生、もうすぐパンがなくなります」などと、意気揚々と活動する姿が見られた。直接のコミュニケーションを通して自分たちの商品が売れていくという体験に、子どもたちは興奮していた。その教育的価値は貴重である。

〔販売先とメニューの案内板〕

「灯まつり」を終えて

初めてのイベント参加を終えた子どもたちは、夏休み明けの始業日（八月二十五日）から、お世話になった方々へ礼状を書いた。

愛都路の会のみな様へ

八月六日の灯まつりの時は、大変お世話になりました。販売する前はとても心配でしたが、みなさんがお手伝いをしてくださって、安心して頑張ることができました。愛都路会のみなさんは、「華」で売る商品のことのほかに、キュウリジャムのこともしていただき、とてもいそがしかったと思います。本当に上手に売れるのかなど、何もかも心配でしたが、みなさんのおかげでフランスパンが全部売れて、クラッカーもたくさん売れました。灯まつりのキュウリジャム販売、本当にありがとうございました。

平成二十八年八月二十五日

古道小学校　菅野　彩華

都路商工会青年部、地元食堂「泰平」、大富久屋、都路行政局産業建設課へも、同様の礼状を手分けして送っており、大富久屋(注18)からは、互いの思いが通じ合っているように、八月二十五日付の手紙が届いている。

古道小学校六年生の皆様
暑さもようやく峠を越え、朝夕はかすかに秋の気配を感じる今日この頃ですが、古道小学校六年生の皆さんには楽しい夏休みを過ごされ、元気に二学期を迎えられていることと思います。
八月六日の灯まつりでは、暑い中お手伝いいただきましてありがとうございました。事前打ち合わせや試作品づくりなど皆さんと意見交換させていただいたとき皆さんのキュウリジャムに対する真剣さを感じ、キュウリから作っていると聞いたときは驚きました。夏休みも交代でキュウリのお世話をしていると聞きました。同じ物づくりをする者として、みなさんの前向きな姿勢は大変勉強になります。これからも商品開発に向けて頑張ってください。応援しています。今日は心ばかりの品ですが、感謝の気持ちを用意しました。何かの役に立てていただければ幸いです。
寒暖の差が激しい時期になりますが、風邪などひかないように気をつけて二学期も楽しく過ごしてください。

平成二十八年八月二十五日

（株）ダイフクコーポレーション代表取締役　大竹　弘

大富久屋スタッフ一同

追伸　何かお手伝いできることがありましたら、遠慮なく声をかけてください。

また、「泰平」(注19)からは、売上の枚数や利益金の内訳とともに、お客さんの感想まで記載された報告書が届いた。

泰平食堂さんからのメッセージ

灯まつりでのキュウリジャムクレープの売上枚数は、三十一枚でした。31（枚）×74（円）＝2、294円がプラスの売上になりました。

〔お客さんの感想〕歯ごたえもいいし、さっぱりしている。キュウリの香りがある。甘さが丁度良い。他の料理にも使えないかな。サクサク、ヒンヤリ、サッパリで面白い。色よし、味よし。キュウリ感が残っていて良い。見た目がきれい。メロンみたいな味もする。小学生が考えたのがすごい。

〔泰平食堂から〕みんなで協力して作った「キュウリジャム」を使っての販売の発想にとても感心しました。商品販売までには、ジャムの改良、様々な許可、チラシやポスターづくりなど、先生も皆さんも大変だったと思います。でも、今回灯まつりでの販売で少しでも多くの人たちに「六年生のキュウリジャム」と「古道小学校の頑張り」を知ってもらえたのではないでしょうか。灯まつりでのクレープ売上金の2、294円を六年生で相談して有効な使い方をしてください」(抜粋)

子どもたちは、灯まつり参加の夢が叶ったことで大満足であり、売上金をいただくという考えは全くなく、材料を用意し協力いただいた各店舗への感謝の気持ちでいっぱいであった。売上金は、愛都路の会からもいただいた。何度も辞退を申し出たが、子どもたちの稼ぎであるという各店舗の思いは強く、受け取ることとなった。

話し合いの結果、十月販売のジャム製造の資金にあてることとした。利益を求めての販売活動ではなかったが、結果的に自分たちの努力がお金として返ってくるという実体験となった。

お小遣いとは違うこのお金をどのように感じたのだろうか。二、三十円という金額は、例えば六年生のお年玉金額の平均と比べても、それほど多額とは言えないが、その価値や重みは全く別次元のものであったに違いない。親や教師が解く「お金の大切さ」では実感できない価値観を確かに感じ取っていたはずである。

五 夢は広がる～「都路キュウリマン」完成～

その後も、キュウリジャムの改良は、さまざまな支援と応援の中で続いていった。

例えば、復興応援隊の中岡ありさは、都路でプリンを販売している「結」へ出向き、東京の企業関係者から聞き取った、次のようなアドバイスを子どもたちに伝えた。

「キュウリジャムは絶対に売れる。デザイン性を良くすれば東京でも売れる。ぜひ実現してほしい。飲食系の企業は応援してくれるのではないか。キュウリジャムはもっと新聞やテレビで取り上げてもらった方がいい。絶対に食いつく企業があるはず。地元の農業高校などとコラボした方がいい。企業だと売上重視になってしまいがちだから」

商品販売の専門家である外部からのメッセージは、子どもたちの心に響き、改良や販売に向けて創意工夫する意欲を掻き立て、学ぶ意欲の高揚につながっていった。

キュウリジャムに「都路キュウリマン」の名称がつけられたのは、この頃であった。その由来について、「都路」の名は「卵」や「ハム」などで全国に知れ渡っており、「キュウリマン」はたくさんの人の気を引くために名付けたと言う。

〔試作品を手に満面の笑顔〕

平成二十八年八月二十二日、子どもたちは、「キュウリジャムの試作品メモ」を福福堂の稲福由梨へ送った。加工品の製造許可を持っていないため、加工を委託して商品化することになったのである。九月二十日に「キュウリジャムの試作品」(一回目)が届けられ、十月十二日に改良を重ねたキュウリジャムが製品として百個届けられた。六年生の吉田千夏がデザインしたラベルも貼られ、糖度四十五度、賞味期限三ヶ月と表示されている。

十月二十九日、本格的な瓶詰ジャム『都路キュウリマン』は、都路町文化祭において八十個限定で販売され、六十二個売れた。その売上金は、熊本地震により甚大な被害を受けた熊本県益城町の小学校に寄付された。避難先で不安を抱えながら生活する同世代に、かつての自分たちの思いを重ねたのであろうか。わずかなお金ではあったが、自分たちと同じように震災した学校の復興を願っての行動だったことが、次の手紙文からも伝わってくる。

熊本県益城町立飯野小学校様

ぼくたちがかせいだお金を寄付したいと思い、お便りしました。

ぼくたちのふるさと都路は、六年前、東日本大震災による原発事故の影響で避難しなければなりませんでした。都路に住むことができなくなったのです。避難先での生活は、とても不安で苦労もたくさんありました。しかし、たくさんの人の支援のおかげで、三年前、ふるさと都路に帰ることができました。

帰ってきた都路は笑顔が少なかったので、少しでも多くの笑顔を取り戻すために、総合的な学習の時間に「都路を活気と笑顔あふれる明るい町にしよう」というテーマで活動してきました。その中で、地域の特産品を考案しようと開発した物が「都路キュウリマン」（キュウリジャム）です。それを初めて販売したお金が、皆さんに寄付することになったお金です。なぜ、飯野小学校を選んだかというと、みなさんはぼくたちと同じような不安を経験していて、飯野小学校の校長先生がおっしゃっていた「子どもたちの元気な姿を見て笑顔になってほしい」という地域への願いと、ぼくたちの思いが似ているからです。

ぼくたちも福島で復興に向けてがんばります。ですから、みなさんも地震なんかに負けずにがんばってください。

福島県田村市立古道小学校六年一同より（平成二十九年二月七日）

この手紙とともに、『都路キュウリマン　開発の道』と題して、都路キュウリマンの誕生から、改良、販売に至る二年間の経緯や「福島県・都路町古道地区のいいところ・古道小学校の紹介」がまとめられた資料も送っている。飯野小学校への義援金送付は、キュウリジャム開発を通した学びの軌跡とともに、自分の居場所のよさを改めて整理する機会となった。必要感のある学びが継続されていく中でこそ、家庭や学校、地域といった自分の居場所への自信や誇りが、感謝の思いとともに少しずつ培われていくのではないだろうか。

子どもたちは、「熊本地震・ふるさとよ　小学校にできた仮設」（毎日新聞　２０１６・10・８　ＮＥＴ記事）の校長のコメント等を見て、飯野小学校を選んだのだが、その柴田俊博校長から平成二十九年三月十三日付けで礼状が届いた。相手に思いや願いが伝わるということがどういうことかも実感できたことであろう。

このような学びは、レールの上を進むような教育活動からは生まれてこない。現実の社会生活の中で、今をどう生きるかを考える学びが必要なのである。

〔送付資料の一部〕

子どもたちのふくらむ思いとともに、学びは確実に進展し、都路行政局長へ「加工場をつくりたい」という依頼文を提出するまでに至った。「都路キュウリマン」の活動を都路の活性化に繋げるためには加工場が必要であると考え、市へ要望することが一つの方法であると知ったうえでの行動である。実現すれば、都路で採れたキュウリを使って都路でジャムづくりができ、都路が活気あふれる町になるという純真な願いは、大人たちの心情や社会の組織を少なからず揺り動かすこととなった。

夢のような要望であるが、市の回答文書からは、子どもたちの学びに応えようとする市職員の誠意が読み取れる。発遣番号（平成二十八年九月三十日付28都産建第１９２号）まで記された都路行政局長名の正式文書であり、「加工場を作りたいという考えについて」と「今後の都路町における取り組みについて」の内容が記載されている。併せて、「キュウリジャムの加工場をつくるためには、どのような対応が必要か」についても、県中保健所衛生推進課食品衛生チームの回答文を添付している。

しかしながら、加工場建設がそう簡単に叶うものではない。それでも、次へ繋ぐ活動は留まることはなく、卒業を前に「キュウリジャムのレシピ」を改めて整理した。手順とポイントが写真や図とともに、Ａ４判十一枚にわたって分かりやすく手書きされている。「後輩もつくることができるようにしたい、自分たちが創り上げてきた証を残したい」という思いを込めた、初代児童の「都路キュウリマン」完成版と言える。

六　学びの回想

キュウリジャムには、子どもたちの地域への思いがたっぷりと詰まっていることを感じてきた田村市復興応援隊の中岡ありさは、卒業間近にインタビューを行っている。

> 質問「都路を活気づけたいという思いについて、お話を聞かせてください」
>
> 児童「東日本大震災で一度避難していたために、人が減ってしまった都路を盛り上げたいという思いで活動した」「キュウリジャムで町を盛り上げて、観光に来る人を増やしたい」「都路に住んでいるお年寄りにも、元気になってもらいたい」
>
> 質問「キュウリジャム作りをやって良かったことや楽しかったことは、どんなことですか」

児童「活動する中で地域のいろいろな人に助けられ、人とのつながりの大切さを実感した」「地域の人のやさしさを実感した」「料理の楽しさを知った」「食べてくれた人が笑顔になってくれたのが、すごく嬉しかった」「灯まつりで販売したときに、たくさんの人が買ってくれたのが嬉しかった」「学習発表会で試食をやったときに、学校のみんながわーっと詰め寄ってきてくれたのが、すごく嬉しかった」「最初から最後までやり遂げる大変さを知った」

そして、担任の関根教諭にも、活動を振り返っての思いを聞いている。

今の六年生は、入学直前に東日本大震災を経験しています。田村市船引町の旧石森小学校に避難し、四年生になったときに都路に戻ってきましたが、まだ小さいときに都路を離れたこともあり、戻ってきたばかりの頃は地域のことが全然わかりませんでした。だからこそ、キュウリジャムの取り組みを通して地域の人とつながることを学習してほしかったのです。

去年からこの取り組みを始めましたが、この一年間は『活気と笑顔があふれる町になるように』という思いで頑張ってきました。自分の力でも、地域のために何か行動することができるということを実感したと思います。地域が大好きになり、地域に誇りを持ち、地域を宝物として大切にしたいという思いを持つことにつながったと思います。活動したことが広がり、地域と子どもたちの相乗効果で、地域がどんどん元気になっていくことを願っています。

インタビューを終えた中岡ありさは、「みんなが頑張っている様子を陰ながら見てきただけに、改めて話しを聞いて感動した。こうして小学生が活躍することで、都路小学校に通いたいと思ってくれる人が増えることを心から願っています」とコメントしている。

子どもの成長にとって、地域の人と関わることの意義は大きい。学校再開から二年目を迎えた二〇一五年六月二十二日に開催された田村市少年の主張発表大会都路地区大会において、そのことを感じさせる発表があった。

もっと地域の人たちと関わりたい

五年　吉田　千夏

「ありがとうございました」

五月に行われた運動会で、見知らぬおじいさんやおばあさんたちからお礼を言われ、すごくうれしくなった。私たちの学校には、地域の人たちと交流する「地域種目」というものがある。昨年度から元の校舎で学校が再開したことをきっかけに始めた。

今年度は、手作りのおみくじカードをじゃんけんをしてプレゼントする。来てくれた人へのお礼の言葉やメッセージを書き、おみくじカードに大吉を入れたり、ていねいに色を染めたりと心を込めてつくった。地域の方は、私たちがプレゼントしたカードをとても喜んでくれた。それだけではない。競技中は、進んで子どもたちを見つけ、「じゃんけんしよう」と声をかけてくれた。私は、声が小さくてなかなか人に話しかけることができない。それだけに、声をかけられたときは、本当にうれしかった。

参加した地域の方は、みんな笑顔で、いつもより、いきいきとした姿だった。私もっられてうれしくなり笑顔になった。「ありがとうございました」と、おばあさんからお礼を言われたのもそのときだ。私たちのカードにこめられた気持ちが参加したみなさんに伝わったような気がして、心が何となくあたたかくなった。

ほかにも地域の方とふれあう機会があった。総合的な学習の時間で、地域のおばあさんたちに野菜づくりを教えていただいたことだ。地域のみなさんは、「子どもたちのためなら、優先して時間を取りますよ」と話してくれている。それを聞いて、忙しい中を私たちのために来ていただいて申し訳ないという気持ちもあったけれど、それ以上にどんな野菜になるだろうとワクワクした。がんばって育てようと、鍬で畝をつくったり、苗を植えたり、初めてのことがたくさんあった。大変なことも多かったけれど、おばあさんたちといっしょに汗を流した後の水とうのお茶は、いつもより冷たくおいしく感じた。

そのような中で、一つだけ心残りがある。それは、はずかしがりやである私が、自分から声をかけたり、質問したりできなかったことだ。「もっと話していたり、自分から質問したりしていれば、おばあさんたちはもっとよろこんでくれたかな」と少しこうかいした。

次に、おばあさんたちが来てくれたら、自分から話しかけてみよう、質問してみよう、そう考えていたら、チャンスがやってきた。もう一度畑を見に来てくれたのだ。私は緊張しながらも、「害虫がついた野菜は、どうやったら元気になりますか」と思い切って質問してみた。おばあさんたちは、「薬の粉をまけば元気になるよ」と真剣に、そして優しく話してくれた。その後も、うれしそうにしながら私たちの質問にていねいに答えてくれた。

私は、勇気を出して質問したことで、新しいことを知る喜びはもちろん、おばあさんたちと仲良くなることができた気がして、運動会の時と同じく、心がとてもあたたかくなった。

私が運動会の地域種目や総合的な学習の時間で畑作りを通して気づいたことは、地域の人を元気にしてあげたいと願って行った活動なのに、いつの間にか自分もうれしく笑顔になったということだ。つまり、地域の人との関わりを増やすことで、自分自身も元気になることにつながっていたのだ。

今、やっと私たちの畑のキュウリが大きく実った。秋には、お世話になった人たちを招待して収穫祭を行うことになっている。心を込めて育てた野菜でおいしい料理をつくりたい。そして、都路ならではの料理の方法なども質問してみたい。もっともっとおばあさんたちと話をして、今度は、運動会や野菜づくりでもらったあたたかさのお礼をしようと思う。

これからは、地域の人とのふれあいをもっともっと大切にしていきたい。みんなの笑顔があふれれば、そこに暮らす人々が元気になり、町が明るくなって、地域もあたたかくなっていくと思う。

そんな都路になるように、私はもっと地域の人と関わっていきたい。

古道小学校閉校・都路小学校開校から五年ほど経った頃、異動により新たな学校に勤務していた関根教諭は、子どもたちとの二年間を次のように振り返っている。

とりあえず初めは畑作りをやってみようというスタンスでした。何をどうすれば良いのか、担任としてもよく分からない中にあって、校長先生に何をやっても良いんだよと背中を押され、自分自身が畑作りに興味を持ち、子どもたちとウキウキ活動を始めました。そして、活動の中から、子どものつまずく姿、課題にぶつかり戸惑う姿を見出し、その先を考えるようになりました。初めからつまずかないようにして、平らな道を歩かせることの方が簡単だったかもしれませんが、子どもと一緒に考えたり、右往左往して道を見いだしていくことが楽しかったのです。きっと私自身も、体験しながら学びを深めていたのです。

そこからは、常に体験の先にある展開を見通して、授業を進めていきました。体験から何を学ぶのか、何につまずくのか、どう解決していこうとするのかといった見通しを持ちながら、実際の活動を見守り、つぶやきを拾い、授業を進めることを意識していました。失敗が予想される活動も、見守り、失敗させてみる。勇気のいることでしたが、そこから子どもたちが学びとることは大きな成果につながり、望んでいた以上の成長がありました。

そして何よりも、子どもたちは体験することが楽しかったのです。算数も家庭科も、社会も、国語も、その必要を感じて学んでいる。総合的な学習の時間にも生かせることを考えながら学んでいる。毎日の学校生活に無駄なことは一つもないのだ。そんな日々でした。

すべての活動が充実し、エネルギーとパワーに溢れていました。地域をも動かし、大人社会に打って出た十五人のもつ力は、本当に素晴らしかったです。一人が突出した力を持っていたのではなく、十五人が尊重し合い、認め合い、互いの良さを引き出し合いながら何十倍もの力を発揮していました。地味で面倒な開発も、常に協力して楽しく進めてきました。都路キュウリマンは、この子たちでなければ開発できなかったであろう。史上最高の六年生だったと豪語できます。

担任として感じたことの一つに、担任が本気で取り組めば、子どもは自ずと本気になるということがあります。それは、生徒指導においても、何気ない子どもたちとの日常的なふれあいの中でも言えることでした。私自身が

〔子どもと向き合う関根教諭〕

楽しむこと、本気で取り組むこと、それは何よりも子どもたちへの大きな道標の一つになっていたのかもしれません。

関根教諭の回想からは、次の三つのことが見えてくる。

一つ目は、子どもとともに学びを楽しんでいる教師の姿である。

夢実現に向けた思いがあっても具体的な見通しが立たない学びの中で、つまずきも戸惑いも子どもと共有し、共に試行錯誤しながら一つ一つ課題を解決し、新たな課題を見出すことに心を躍らせて学んでいる。

二つ目は、すべての教科に通ずる学びの基本が見える。

目標の明確化、課題解決のための思考過程、教師の丁寧な見取りと指導支援、互いを認め合い、よさを引き出し合う学び合い、失敗からの学びなど、それらは生きる力をつけるための学びの基本そのものである。「望んでいた以上の成長があった」というのは、主体的な学びが継続されていた裏付けとも言える。

三つ目は、教師という仕事を通して、一人の人間としての生き方を見せている。

子どもの人格形成や学び方に、教師が与える影響は大きい。「担任が本気で取り組めば、子どもは自ずと本気になる」という言葉が、その証でもある。子どもたちは、先生を好きとか嫌いとかというレベルではなく、人としてそうありたいという生き方・学び方を感じとっているように思えてならない。子どもたちは、都路の一番のよさを問われると、「人である」と答えると関根教諭は言う。何が大事なのか、本物なのかを見極める目を少しずつ身につけていったのである。人間として生きるうえで大切な学びである。

どんなに学力や体力をつけても、それをどう使うかは「心」が決めるのだから。

第五章　進化する都路キュウリマン

～「14CARAT（フォーティーン・カラット）」のチャレンジ～

（平成二十九年度　都路小五年生・キュウリジャム継承二代目児童）

本章においては、第四章で述べた初代児童の学習活動との重複を避け、学習テーマの実現に向けて「都路キュウリマン」の販売を促進しながら、地域の未来を創造していく子どもたちの姿を中心に書き記すこととする。

一　担任の苦悩と二代目の誕生

平成二十八年度は、関根理子教諭にとって転出を考える節目の年であった。なぜなら、学校再開当時の教職員は、二十七年度末でほぼ転出し、自身もへき地校勤務二年満了を経過し、三年目であった。そして、何よりも、二年間担任し、学ぶ喜びも苦労も共に味わってきた子どもたちが卒業を迎えるのである。古道小閉校も重なり、転出を考えるのは自然であり、保護者や地域の関係者も残念であるがやむを得ないという思いを少なからず持っていたはずである。

しかし、全身全霊を懸けて古道小の教育に携わってきた関根教諭にとって、簡単に答えを出せるものではなかった。キュウリジャム一つをとっても、さらに取り組んでいきたいことは山ほどあるが、子どもが変わり、教職員が変わる中で、これまでの活動が継続できるだろうか。

学ぶ意欲を引き出し、保護者の協力は得られるだろうか。学校の組織や経営方針はどうなるのだろうか。やれる自信はあるが、不安もある。異動すべきなのかもしれないという思いと、この三年間を無駄にしないためにも都路小に残らなければならないという思いが錯綜していた。葛藤は続くが、そのような心境を察することもなく、時は刻々と流れていった。

平成二十八年度も八カ月が過ぎた十二月八日、六年生十五名は、キュウリマンの着ぐるみを身に纏い、資料を持ち、張り切って四年生教室を訪れていた。卒業まであと四ヶ月、「自分たちの活動を絶やすことなく、ぜひとも引き継いでほしい」という思いが日に日に強くなっての行動であった。後継者を四年生とした最大の理由は、二年間活動できることにあった。加えて、初代児童の兄弟姉妹が三名在籍しており、活動内容や自分たちの思いを少なからず知っていることからの期待感があった。

十五名は、「都路キュウリマン」を試食してもらい、これまでの活動と自分たちの思いを引き継いでほしいと懇願した。好奇心旺盛で、六年生へのあこがれをもっていた四年生は、「やったぁ！」と二つ返事で快諾した。その姿からは、活動を引き継げる喜びと誇りのようなものが感じとれた。六年生も、心の底から安堵した。

関根教諭は、当時のことを次のように語る。

二十九年度の幕開けは、背中を押し導いてくださった根内校長先生をはじめ、学校再開当時の職員は誰一人として居なくなってしまい、キュウリジャム開発を行ってきた可愛い子どもたちも卒業し、なんともさみしく心細い新年度のスタートだったが、そんな私を支えてくれたのは、都路キュウリマンの活動に邁進するという使命感だった。どんな形であれ、初代の思いと活動を途絶えさせることなく、必ず未来へつないでいくことだけを考えていた。それは、私にとって、卒業していった子どもたちとの強くて深い約束でもあった。

二　学びの継承

二代目児童たちの学びは、学習テーマを「都路のよさを全国各地に広めよう」と設定し、商品化された「都路キュウリマン」の販売を軸に進められた。

まずは、先輩の学びを理解するために新たなパンフレットづくりに取り組んだ。その活動を通して、キュウリジャム誕生の歴史や都路のよさだけでなく、これから目指すべき具体的な方向性が見えてきた。

　五月十六日、野菜づくりのスタートにあたり、地元の松本農園へ出した手紙には、「都路キュウリマン」を受け継いだこと、目標を達成するために力を貸してほしいことなどが記載されており、「畑づくりはどのように行うのか。一日に水を何回あげるのか。どんなキュウリが病気なのか。キュウリをどんな気持ちで作っているのか」といった質問も同封している。

　二代目として、灯まつりでの出店にも挑戦することを決め、先輩が残した学びを辿りながら、関係者へ協力依頼の手紙を書いた。七月に入り、都路行政局から灯まつりでの出店を許可する手紙が届いた。

〔灯まつり出店のお願い　於：都路行政局〕

〔パンフレットづくり〕

都路小学校　五年生のみなさんへ

協力団体を自分たちで見つけ、灯まつりでキュウリジャムを販売したいということですが、皆さんに参加いただけることを大変うれしく思います。キュウリジャムを都路の特産にしようという考えもすばらしいです。みんなで力を合わせて、おいでいただいた方々に楽しんでもらえるように頑張りましょう。何かわからないことがありましたら、いつでも連絡してください。

都路灯まつり実行委員会事務局　産業建設課

手紙の内容からは、子どもたちを応援していこうという思いとともに、子どもたちが灯まつりには欠かせない存在になっていたことが感じとれる。

灯まつり出店は、初代の児童同様、具体的な目標設定につながり、創造的な学びに拍車をかけた。

例えば、メニューにおいては、キュウリジャムやパフェだけでなく、都路キュウリマン・クレープや都路キュウリマン・マシュマロリッツサンドなどを改良・開発し、商品紹介のチラシやポスター作りでも、レイアウトやキャッチコピーなどに表現の質的な向上が見られた。
「都路キュウリマン音頭」の歌詞は、二番が改められ、三番が新しく加えられた。

都路キュウリマン音頭

♪

一　キュウリを食べましょう　おいしいキュウリを
みんなで食べましょう　しんせんなキュウリを
食べましょう　食べましょう
みんなで食べましょう

二　都路の特産品　都路キュウリマン
食パンやアイスにも　なんでも合いますよ

〔来場者へ活動目的や願いを伝える子どもたち〕

おいしくてやめられない
都路キュウリマン

三　都路をもりあげて　都路キュウリマンを
全国に広めましょう
みんなで広めましょう
都路をみんなで明るくしていこう　♪

作　詞　古道小五年生（初代）
作　曲　髙橋　公太（初代五年生）
作詞追加　都路小五年生（14カラット）

〔意欲に満ちた販売活動〕

歌詞の内容からは、都路キュウリマンを全国へ広め、都路を活性化させたいという意気込みが伝わってくる。

灯まつり当日、エプロンを身にまとい店頭に立った姿からは、初代児童ほどの緊張感や不安めいた印象は感じられず、むしろ、伸び伸びと楽しむ雰囲気が漂っていた。先輩たちの活動を目のあたりにしてきた経験も自信になり、周囲の心配りが不安を和らげてくれたのであろう。

そして、活動する姿からは、先輩の功績をただ真似ているのではなく、自らも課題を見出し、その解決に向けて創意工夫を重ねている学びが感じられた。

なお、関根教諭は、灯まつりでの出店にあたり、子どもたちの依頼状とは別に四団体（商工会青年部、地元食堂「泰平」、愛都路の会、みやこじスイーツゆい）へ補足の協力依頼文を出しており、そこには、ジャムの衛生管理（殺菌処理、冷蔵庫保管など）や販売方法、団体と児童との役割分担、利益の取り扱いなどが記されている。

三　イベント参加と報道の後押し

「都路のよさを全国各地に広めよう」という目標を達成するためには、何といっても発信力の強化が欠かせない。そのために、灯まつりだけでなく、イベントなどへも積極的に参加することを一つの方法として選択した。

平成二十九年九月十六日（土）、子どもたちの姿は、田村市総合運動公園にあった。野外音楽フェス「ONE NATION music circus in TAMURA（ワンネーション・ミュージックサーカス in 田村）が開催されている会場での販売活動である。九月十七日（日）の朝刊（福島民報）には、「都路小五年生十四人は、自らが考案したキュウリジャム『都路キュウリマン』を使用したパフェを販売し、人気を集めた」と掲載され、発信力強化の大きな後押しとなった。

そして、この催しへの参加が、思いがけない販路拡大につながっていくのである。

〔於：田村市総合運動公園〕

同年十一月二十一日、都路町商工会の佐久間剛を通じて、福島相双復興推進機構（官民合同チーム）の濱田直治らが、「都路キュウリマン」を商工祭で買い求め、すっかりファンになったというれしい情報が届いた。しかも、その一つを馴染みの喫茶店へ届けたところ、ぜひ店に置きたいので手配できないかと相談を受けたというのである。相談者は、福島市内で伏見珈琲店(注20)を経営する伏見俊哉であり、これを機に、都路キュウリマンを店に置いてくれることになった。

平成三十年一月一日、伏見俊哉から子どもたちへ年賀状が届いた。

> 昨年は、皆さんから素敵なお手紙をいただき、感激しておりました。
>
> みなさんが考えた「都路キュウリマン」、味わいがキュウリとは思えないほど甘くておいしく、また「キュウリマン」というキャラクターを作って販売しようというアイディアがすばらしく、何かお手伝いができればと思っています。みなさんのふるさと、都路はとてもすばらしいところですよね。私は以前、そちらのキャンプ場でたくさんの流れ星を見た思い出があります。大切なふるさとのために五年生のみなさんががんばってください。いつかお会いできる日を楽しみにしています」(抜粋)

その後も、福島相双復興推進機構のメンバーは、販売応援を続け、ＪＡ直営店である「ふぁせるたむら(注21)」で販売していることを確認したとか、伏見珈琲店で三十個完売したことなどの情報交換を行っている。

学校内にとどまらない積極的な取り組みは、福島県教育庁社会教育課にも届き、平成三十年一月二十七日（土）に「とうほう・みんなの文化センター（福島県文化センター）」で開催された「平成二十九年度『子どもがふみだす　ふくしま復興体験応援事業』成果発表会」への参加依頼となった。

当日は、関根教諭と保護者四名が引率し、新開発商品コーナーにおいて「都路キュウリマン」を販売しながら地元をピーアールし、地域活性化の一役を担った。このときの「子どもたちが開発した商品販売」には、四団体が出店したが、二団体は高校生であり、もう一つの団体は「NPO法人チームふくしま」であった。小学生の商品開発は特異であり、それだけに来場者や関係者の関心も高かった。

このように話題性のある活動は、報道関係者の目にも留まり、目標達成に向けて力強い応援者となった。

まず、地元のローカル紙とも言える「いいね！　みやこじ　都路かわら版」（平成二十九年九月十五日発行「第四十五号」・十月十五日発行「第四十六号」）には、活動目的とともに、灯まつりでの「都路キュウリマン」販売活動を写真掲載し、「ぜひお買い求めください」とある。その後も度々取り上げられ、周知度も高まっていった。

「農業共済新聞　福島版・総合地方版」（平成二十九年十月四日発行）には、「田村市都路小の五年生が商品開発　思いを瓶に詰めました地元産キュウリジャム」という見出しで掲載された。キュウリジャムの特徴などとともに、将来的には地域の特産品として、地元で加工、販売のすべて行うことを考えているとある。

「ひかりNOSAIふくしま　八号」（平成二十九年十一月発行）には、「特産品のキュウリジャムで町おこし　田村市立都路小学校」という見出しが載った。そこには、「都路キュウリマン」とは震災復興を機に地元を活気と笑顔あふれる町にしたいという二年前の古道小五年生児童が開発したこと、

〔於：福島県文化センター〕

商品パッケージや「都路キュウリマン音頭」の作詞・作曲、着ぐるみのデザインなどのすべてが児童の手作りであること、キュウリは地元の松本農園の協力を得て栽培していること、現在は、初代児童の意志を引き継いだ都路小五年生十四名が積極的に活動していること、果肉入りのキュウリジャムでさっぱりしていて好評であることなどが掲載されている。

なお、学校や地域には、取材に臆しない風土ができており、報道関係者の受け入れは比較的容易であった。その背景には、学校再開時（平成二十六年度）に国内外からの新聞・テレビ等の取材や来校者が年間百件以上あり、その後も継続的にさまざまな取材を受けていたことがある。

いつしか、子どもたちは、地域の一員として都路の活性化を担う大切な存在になっていた。

六年生に進級した平成三十年度、「都路キュウリマン」の生産目標を二千個と掲げ、ゆくゆくは「都路と言えば、都路キュウリマンというくらい有名な特産品にしたい」と意気込んだ。住民もまた、ますますの躍動と地域への元気発信を願っていた。

平成三十年五月二十九日（火）、教室には、次のように板書されていた。

「めあて　『アメイゾンで伝えたい思いを考えよう』

今年のテーマ『地域を盛り上げよう』
　↓活気を取り戻したい（人口減少）

自分たちの思い

　←

都路のよさを伝えたい　いろいろな人に来てほしい
　都路を知ってもらいたい

・明るい人、優しい人
　↓松本農園さん「キュウリが子どものようだ」
・自然豊か、空気
・おいしいキュウリは、気持ちのこもったキュウリ

　←

「都路キュウリマン」には、
都路の人の思いがつまっている
〈カフェに届けるもの〉
ジャム　パンフレット
パフェカード　パフェレシピ
〈ジャム情報〉
・ジャムのおいしい食べ方
（ジャムを買ってくれた人に伝えること）
・無添加　・食感　・値段、支払い
・パンフ、カードの説明
・パフェの作り方、値段、アレンジ

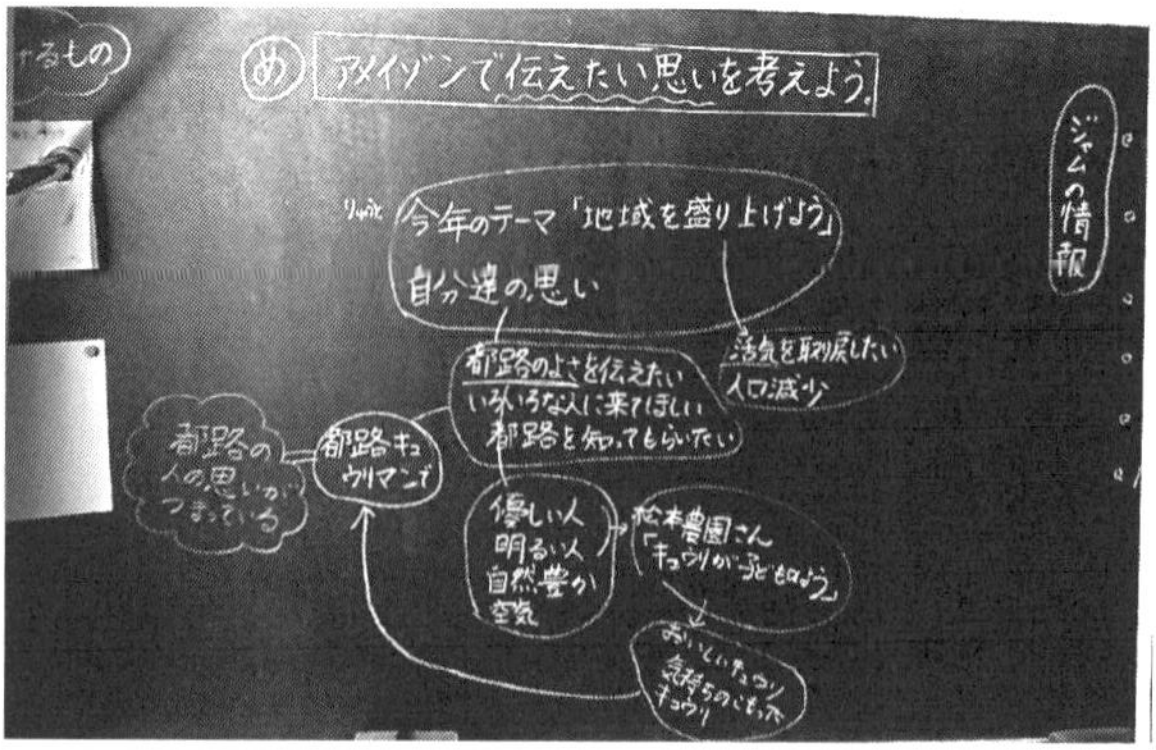

〔黒板の右下には、明日のスケジュールが表示されている。「10：15　学校発、……」〕

板書にある「アメイゾン」（注22）とは、川内村にある「カフェ・アメイゾン」のことである。次の日に「都路キュウリマン」を届けに行くことになっており、このチャンスを有効に生かすための学習であった。

　活動の経緯は、六年生の山中大雅がアメイゾンで働く母親へ、そこでの販売について相談したことから始まる。このことが社長（岩本泰典）の心を動かし、期間限定で「都路キュウリマン・パフェ」をメニューに加え、瓶詰めジャムも店で販売してくれることになったのだ。アメイゾンを訪問した際に、子どもたちはパフェ作りを実演した。できるだけ自分たちのパフェに近づけて販売してほしいという願いからである。コストや手間を考えると、全てを同じくというわけにはいかないが、アメイゾンなりの工夫を凝らしての販売が決まった。

　また、アメイゾンでは、カフェという場に合わせて、キュウリ型のおしゃれなパンフレットを考案した。キュウリを開くとパフェの説明が現れる仕組みになっている。

　さらに、社長からは、海外店舗や計画中の和歌山二号店での

〔販売するパフェの試作と社長の話に聞き入る児童〕

販売の話まで飛び出し、そのスケールの大きさに子どもたちは圧倒された。夏休みには、代表児童をタイへ招待してもよいとまで言われた。都路という小さな町で育った子どもたちが、初めて実感する大きな世界観であったに違いない。都路キュウリマンの活動は、キャリア教育の貴重な一端も担っている。すべてが心躍る出来事であり、アメイゾンからの帰り道、子どもたちは高揚感に満ちていた。

なお、海外店舗や他県での販売は、製造数の問題などから実現には至らなかった。

「都路キュウリマン」は、地元都路の特産品の一つになりつつあった。地域活性化を模索する商工会にとっても注目すべき商品であり、「みやこじの里じまん」の贈答品に加えたい旨の話が平成三十年六月に都路町商業施設（Ｄｏｍｏど〜も店）(注23)からあり、販売広告の一角に写真掲載された。このような商工会との連携の深まりは、出店機会を増やし、販売促進にもつながった。

「読売新聞　福島県版」(平成三十年九月五日発刊）には、「児童開発キュウリジャム　田村の都路小　今年度すでに600個販売」という見出しが載った。「現在、製造や卸売りをするのは六年生十四人。農家からキュウリを仕入れ、納品や請求書のやり取りも行う。うち、二名は避難先の田村市船引町から通学する。ジャムは1瓶500円で、昨年度は約600個を販売した。今年度は約1000個作り、既に約600個が売れている。川内村のカフェではジャムを使ったパフェが好評で、今では店の定番メニューだ。六年生の山中大雅君は『ジャムで都路のよさを広く伝えたい』と話している」といった記事内容である。

平成三十年十月二十日（土）・二十一日（日）には、東京都の日暮里駅前イベント広場で開催された「にっぽりマルシェ2018県中ブース店」で販売された。この事業は、福島県県中地方振興局が委託者となって出展ブースの運営を行ったものであり、その目的は、原子力発電所事故からの復興のシンボルである「MIYAKOJI sweets yui」の商品販売を通じて復興にまい進する姿を発信し、風評払しょくを促進しようというものである。子どもたちによる現地での販売は実現しなかったものの、「都路キュウリマン」の宣伝（PR）には貴重な機会となった。

なお、このときに販売を行ったのが、都路商工会の佐久間剛であり、この出会いが、後に「都路キュウリマン」存続の鍵を握ることになる。

大きな発信の機会であり、特に目標達成の実感を味わったイベント参加として、第七回商工会うまいもんNo.1決定戦』がある。この事業は、福島県商工会青年部連合会が主催し、平成三十年十月二十七日（土）・二十八日（日）の二日間にわたって川俣町中央公民館で開催された。目的は、東日本大震災による原発事故の影響により、福島県内のあらゆる産業が深刻なダメージを受け続けている中にあって、「福島の食」に関する風評被害の払しょくを図ろうというものである。

二十八日（日）の午前七時に都路を出発した。希望参加ではあったが、体調不良の一名を除いた十三名が参加し、引率者は、関根教諭と商工会青年部（高橋公助、吉田栄光）、復興応援隊（松崎亜美）、くっちゃべろう会（久保優司）の五名であった。

〔うまいもん No.1 決定戦への出店を終えて〕

この「うまいもんNo.1決定戦」への参加は、保護者でもある高橋公助の尽力による。当時、福島県商工会青年部理事であった高橋が、前年から商工会や学校へ働きかけたことにより、実現まで漕ぎつけたのである。主催者側からすれば、子どもの参加を認めるかどうかという以前に、子どもから希望があること自体が想定外であった。子どもたちと関根教諭の思いを背負った高橋の熱意に県の商工会が応えてくれたのである。

また、会場への交通手段については、「くっちゃべろう会」（都路地域の未来を考える有志の会）としてバスを借り上げ、保護者であり商工会メンバーでもある吉田栄光が運転手を務めた。「学校教育」の限界を、「都路」という地域の力で乗り越えたのである。関根教諭は、「敬意と感謝しかない」というが、保護者もまた関根教諭へ同じ思いを抱いていたに違いない。

子どもたちは、このような教師と保護者や地域住民の関係をど

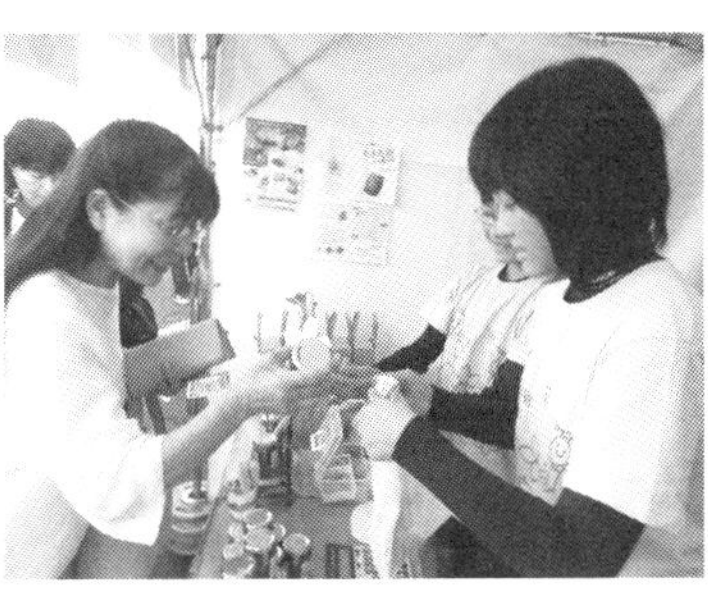

〔販売とともに都路の紹介も忘れない〕

うのように感じていたのだろうか。そして、人格形成やこれからの生き方に、どのような影響を与えていくのであろうか。関根教諭は、この「うまいもん№1決定戦」での活動について、次のように語る。

14カラットのこれまでの学びの集大成であり、初めて自分たちが思い描く目標をすべて達成したと誰もが実感できる活動となった。店舗の準備、接客、パフェ作りの手際のよさと完成度、「都路キュウリマン」のピーアールや集客への呼びかけ、どれをとっても最高の出来具合であった。子どもたちは、朝からたくさんの大人に声をかけられ、ほめられ、自分たちの活動に大きな自信と手応えを感じることができた。どの店よりも元気が良く、笑顔が輝く一日だった。

子どもたちへの応援を続けている珈琲店経営の伏見俊哉や福島相双復興推進機構の濱田直治もパフェを買いに訪れ、労いと励ましの言葉を贈った。うまいもん№1決定戦の代表者たちも顔を見せ、活動に対する感動を伝えた。田村市から提供された千個の宣伝用ティッシュは、六百個ほど使用され、見知らぬ人への積極的な声かけに貢献した。多くの人の応援と支えによって立つことができた夢のような舞台は、忘れることのできない最高の学びの場となった。

都路に帰り着いたのは午後五時半であり、すでに陽は沈んでいたが、誰もが達成感のある心地よい疲れであった。

「朝日新聞　福島県版」(平成三十一年一月二十日（日）朝刊）には、「キュウリジャムで都路PR　児童が開発　地元の力に」の見出しが載った。前日に開催された「ふくしま復興体験応援事業」の成果発表会での取材内容であり、そこでの販売のようすとともに、開発までの経緯や活動の目的、六年生の渡辺えまの「野菜のジャムは珍しく、地元の思いが詰まったジャムで都路が全国で有名になるようにしたい」というコメントが添えられていた。

成果発表会への参加は二回目であり、「うまいもんNo.1決定戦」での成功体験も自信となり、担任が指示を出すことも少なく、子どもたちの主体的な活動のもとに店舗準備から販売まで見事に展開されていった。役割分担については、いつの間にかそれぞれが得意な仕事を行うことで足りるようになっていた。話し上手な子はあちらこちらの人に声をかけて宣伝を行い、お金勘定の得意な子は会計を担当し、センスのよい子は商品等の陳列を行うといった具合である。だれかが指示しているわけでない。一人ひとりの存在やよさを互いが認め合っているのである。誰が何をやることが全体として効率的であるのか、一番力を発揮できるのかをみんなが感じ取っているのである。このような姿は、多くの関係者の応援を引き寄せた。

子どもたちは、古フィフティーンから引き継いだことだけでなく、自らも「都路キュウリマン」の学習を通して確信していった都路のよさを懸命に宣伝した。その場にいた高校生たちも圧倒されたようすであったが、都路が大好きなのだから宣伝力で負けるわけにはいかないのだ。

このような子どもたちがとらえる都路のよさは、学校再開から地域と一体になってさまざまな学びを積み重ねてきた成果でもある。

初代児童は、都路のよさを熊本県・飯野小学校へ次のように伝えている。「自然がたくさんあり、季節ごとに美しい森を見ることができる。地域の人がやさしく、みんな仲がいい。毎日、地域の人たちとあいさつしている。みんなが家族のように接してくれる。授業で分からないことも地域の人たちがアドバイスしてくれる。校庭には、樹齢二百四十年以上の笠松があり、いつも私たちを見守ってくれている」など。二代目児童は、「都路と言えば笑顔が素敵なところ」

と言ってもらいたいと加え、三代目は、活動テーマを「ハッピースマイル大作戦」とした。そして、「都路を元気にしたい。活気と笑顔あふれる町にしたい。そのために私たちが頑張る」という一貫した取り組みがグランプリ受賞につながったのであろうが、その子どもたちの姿もまた、都路のよさであり、魅力である。

関根教諭は、学びの姿の面白さとして、学び始めの頃の都路のよさは『自然』であるが、最後には『人』にたどり着くという。その思いは、学びを深めるほど強く確かなものになっていく。自分たちは、多くの人に認められ、守られ、支えられているからこそ、夢や希望を持って頑張ることができるのだと気づき、感謝の思いが一層大きくなっていく。頑張りがいのある心地よい日常は、人の心と行動でつくられていくことを子どもたちなりに感じ取っているのであろう。

四　学校給食への提供

子どもたちの活動は、さまざまな関係者を虜にし、応援したいという思いを掻き立て、大人たちの職務意欲の向上と創意工夫を引き出していった。田村市学校給食センターに勤務していた志賀敦子栄養教諭も、その一人であり、「都路キュウリマン」を学校給食に提供したいという思いに駆られ、その実現に向けて奔走することになる。

きっかけは、退勤後の買い物の際に、「ふぁせるたむら」（船引町）で関根教諭と志賀栄養教諭が偶然に出会ったことにある。「給食で地場産の食材を使用したい」という思いと、「ぜひとも都路キュウリマンを使用してほしい」という願いが共鳴し、話しは瞬く間に盛り上がったのである。「古フィフティーン」最後の冬（平成二十九年一月）のことであった。

そこから話が進み、福福堂の稲福由梨へ提供可能か確認したところ、三千人分は困難であるという回答があり、給食センターで試作することになった。関根教諭は、子どもたちのワクワク感と感謝の意を添えて試作レシピを送り、志賀栄養教諭は、それを早速業者へ送付し、平成二十九年度中の実現に向けて思いを新たにした。

数か月後、志賀栄養教諭は、子どもたちが招待してくれた成果報告会（感謝の会）のお礼とともに、福島県学校給食会から連絡があった問題点を伝えた。「ジャムの製造過程において、キュウリのみじん切りを入れることができない、なぜなら、異物混入防止のために目の細かいザルのようなものでジャムを漉す必要があること」と、生産数が少ないために、「オリジナルのパッケージは製造会社名が入ったものになること」の二点であった。同時に、成果報告会への出席によって給食提供への思いがより強くなったとし、一万個単位での生産となることから衛生管理を考慮し、次年度（平成三十年度）の九月、十一月、一月の三回に分け、ヨーグルトにつけて提供すること、キュウリは地元の松本農園のものを使用すること、各クラスに都路キュウリマンのパンフレットを入れることを必ず実現したいと伝えている。

平成二十九年十月の小学校教育研究会家庭科部会の会場で、学校給食会が試作した「キュウリジャム」が志賀栄養教諭から関根教諭へ手渡されたが、角切りは入れることができず、色も悪く、「都路キュウリマン」とは全く違うものであった。関根教諭は、改善を要求した。キュウリジャムの命ともいえる「キュウリの食感」と「キュウリの皮を削いだ透明感のある色」だけは絶対に譲れないとの主張が揺らぐことはなかった。

その冬、再び試作したキュウリジャムを手渡されたが、やっぱり違う。これでは、子どもたちも納得しないと確信した。そこで、ジャムを作ってくれそうな他の業者を探すことになり、保護者の協力も得ながら、情報収集にあたったが、見つけることはできず、時間ばかりが過ぎていった。

年度が替わっても具体策を見通せないでいた頃、保護者であり田村市教育委員会に勤めていた吉田篤也が、都路出身の後輩が勤務している郡山市の食品製造会社を紹介してくれた。

早速連絡し、ジャムとレシピを送付したところ、試作したジャムを学校へ持参してくれた。試食の結果、製造工程やグラニュー糖は使えないことなどにやや違いはあるが、給食に提供できそうなものであった。子どもたちは笑顔でのお礼とともに、色がもう少しよくなるとよいこと、レモン汁を増やしてほしいことなどを依頼した。担当者は、思ったよりも受け入れられたことに胸をなで下ろし、学校を後にした。こうして、改良が加えられ、給食版「都路キュウリマン」が完成した。

だが、個別包装ができないため、給食ではパンに塗るという形はどうしてもできなかった。大きな瓶でクラス毎の提供も叶わなかった。給食に提供することでキュウリジャムを知ってほしいし、味わってほしいが、キュウリジャム本来の味は未だに出せていない。思い悩んでいる間にも月日は刻々と流れ、志賀栄養教諭と関根教諭が意気投合し、共に夢を描き続けてから、すでに二年になろうとしていた。

平成三十年十二月、志賀栄養教諭から「都路キュウリマン給食用チラシ」が送られてきた。

いよいよ給食での提供が実現するのだ。

子どもたちは、キュウリでジャムを作っているという驚きを持って食べてほしいという願いから、「Q1　今日のヨーグルトの中には、どんなものが入っているのでしょうか。①ピーマン　②キュウリ　③メロン」などの試食時に出してほしいクイズを考えるなどしながら、その日を待ち望んだ。うれしいとき、願いが叶うとき、夢が実現するとき、じっとしてはいられない心境は、誰もが同じである。

平成三十一年一月二十三日、さまざまな課題を乗り越え、ついに「都路キュウリマン」が田村市内の小・中学校の給食に提供された。

そのときのことを都路小学校のホームページには、次のように掲載されている。


「給食に『都路キュウリマン』登場！」

（投稿日時：2019/01/23　都路小教職員）


六年生が開発した「都路キュウリマン」が給食に登場しました！

さあ、オープンの瞬間です……！

「キュウリジャム入りフルーツヨーグルト」として給食に出されました！

私たちのジャム！　どんな味かな？　食感はどうかな？

しっかり吟味して食べる子どもたち。

「他の学校では、なんて言っているかな～⁉」

いかがだったでしょうか？

この日を楽しみに待っていた子どもたちです！

お昼の放送でも、キュウリジャムについての紹介がありました！

「フルーツヨーグルトの中には、都路小の小学生が開発した『都路キュウリマン』というキュウリのジャムが入っています。無添加で角切りのキュウリが入っていて、キュウリの食感が残っています。とてもおいしいので、ぜひ食べてみてください」


志賀栄養教諭と関根教諭の思いが、子どもたちの夢の一つを実現させた。そのことを関係者の多くは、大きな喜びを持ってとらえていたに違えない。

しかし、「都路キュウリマン」への強い思いを持ち、深く関わった者ほど、素直に喜べない複雑な心境を払しょくすることはできなかった。「都路キュウリマン」が給食に提供されるまでの経緯とともに、水面下で困難を乗り越える努力を続けた関係者の苦悩を関根教諭は、次のように振り返る。

初めて給食に出たメニューは、フルーツ・ヨーグルトだった。缶詰のミカン、桃、パイナップルなどとともに、ヨーグルトの中にキュウリジャムが入っていたのだが、見た目には分からなかった。キュウリジャムを知る都路小の子どもたちだからこそ、大切にしてきた角切りキュウリをやっと舌で見つけ、その存在を確認できたが、キュウリジャム本来の味はしない。下学年は喜んで食べていたが、開発後継者である六年生の表情は晴れ晴れとせず、教室は静かだった。キュウリジャムの良さが全く引き出されていないことに納得がいかないのである。だからといって、これまで多くの人の関わりと努力によって、今日の日を迎えることができたことは十分に承知しており、感

〔キュウリジャムを味わう6年生〕

謝の思いもある。それだけにやり場のない複雑な心境であった。もちろん、志賀栄養教諭へは心から感謝の思いを伝えた。同時に、次回はキュウリジャムの存在がもう少し分かるように提供してほしいことも正直にお願いした。

キュウリジャムが給食に登場するという目的を達成したことを心から喜びたかったに違いない子どもたちが、とても不憫に思えて、担任としても悔しかった。その後も志賀栄養教諭からは、サラダを提供する際に残っているキュウリジャムをフレンチドレッシングとして使用してはどうかという連絡があった。今度こそキュウリジャムの存在感を出したいと思い、関根教諭自身が試作することを伝えた。

その週の土曜日に自宅でジャム作りから始め、ジャムの分量や味を再確認するとともに、和える野菜を考えた。キャベツを加える案もあったが、色を引き立たせるために茹でた大根にした。半日がかりで試作したものを週明け写真で送付し、ジャムやサラダオイル、酢、塩こしょうの他に、レモン汁の追加を依頼した。

しかし、二度目の給食への提供にも、子どもたちは落胆した。茹でた大根にはカニカマとモヤシが和えられていた。ジャムについては、前回よりは存在感があったが、カニカマの味が強く、キュウリジャムの良さは、残念ながら今回も引き出されなかったのである。「大根だけのサラダでは、栄養士として給食に提供することはできない」という志賀栄養教諭の立場は十分に理解できるが、子どもたち共々、納得することがどうしても出来なかった。給食という枠の中では、個別に配るジャムが提供できない限り、どうすることも出来ない状況であった。

キュウリジャムを学校給食に提供するという子どもたちの願いは、百パーセント満足のいくものとはならなかったが、それゆえに人間として成長するうえで学んだことは多々ある。

例えば、一つの目的を達成するために、さまざまな分野の人たちが協力し合ったこと、多くの人がそれぞれの立場で智慧を絞り、創意工夫を重ねたこと、それによって出来ることもあれば、実現に至らない場合もあること、それでも決してあきらめてはならないことなど、一人一人が生きる力となる何かを感じ取ったはずであり、それが人生の困難を乗り越えていくうえで大切な糧になるはずである。

そして、一連の取り組みは、志賀栄養教諭と関根教諭をはじめ、「キュウリジャムを学校給食に提供したい」という夢実現に関わった大人たちにとっても、意義深いものとなったことであろう。なぜなら、キュウリジャムを給食に提供することは、必ずしも求められている仕事ではない。しかも、面倒さがあり、多くの時間が費やされ、当事者にしか分からない心労がさまざまあったに違いない。そのうえ、満足のいく結果が得られなかったのである。それでも、落胆や無念さを超え、何かに向かって懸命に努力する姿は美しく魅力的であり、人間の生き方として、そうありたいものだと確かに思わせた。人はそういう姿から生きる勇気や希望をもらい、人間であることに誇りのようなものを抱くのではないだろうか。

五　六次化商品開発への動き

平成三十年八月二十日（月）、都路行政局産業建設課長より、関根教諭へ一本の電話が入った。そのときの関根教諭のメモである。

「六次化商品の開発に、田村市として補助出せる。
商工会：①ジャム権利　受け取ってもらえるか。
②市の補助金　受け取ってもらえるか。
宗像さん：どうすれば、商工会の補助（市単独のもの）出せるか探る。
官民合同チーム：建物＋重機？　準備できる。→営業許可を取らなければならない。
今の補助では買えない備品（なべ、、、）
十月中に根拠（予算案）を出す必要あり。
商工祭のチラシほしい　教頭」

四日後の八月二十四日（金）には、田村市産業部長、農林課担当職員から次の話があった。

「今後の活動。マスコットの製作支援。
六次化商品の開発をバックアップしていきたい。

商工会との話し合いに市が入って、十月までには決めていく。
商工会は三分の二補助になることが多い。
どんな補助メニューを使えるか。
子どもの活動（ＰＲ）は継続していくように計画づくりを。
キュウリの収穫とか？↓その時の担任によるか。
Ｈ31どのくらい作るかによって補助額が決まる。
市長より・ＰＲの方法は？　販売促進グッズ（着ぐるみ、缶バッチ？）
学校から話が出てくれば、対象になるかどうか検討する。
三春・ブリキイヌで売り込み。
校舎、地元産品、滝根など、市として提案できる！
ジャム＋付加価値もつける」

（関根教諭のメモより）

「都路キュウリマン」は、いつの間にか市の行政を動かす存在となっていた。関根教諭や子どもたちのもう一つの夢が、実現に向けて大きく膨らんできたのである。

その後、行政においてどのような話し合いが行われたのかは想像の域を出ないが、担当者たちが実現に向けて模索と努力を重ねたことは確かである。それゆえに、「現実はそう簡単ではない」ということも改めて認識する結果となった。

最終的に市からの補助金は、一万二千円であり、宣伝用ティッシュ一千個となった。そこに、自作のキュウリマン宣伝紙を挟み、「うまいもん№1決定戦」や「踏み出す成果発表会」で配布した。渡辺産業部長から紹介があった三春町のカフェ「ブリキイヌ」へは、要望どおりにキュウリジャムを二個届けたが、その後連絡はなく、メニューとして採用されることはなかった。

一方で、関根教諭には、一年以上前から一つの構想があった。キュウリジャムの製造販売を商工会へつなぐことである。初代児童の卒業時は都路小に留まる決断をしたが、今度はそうはいかないであろうと自らに言い聞かせ、これまでの学びをどうつなぐかを模索した結果である。学校で引き継ぐことについては、その負担の大きさを自身が一番よくわかっているだけに断念した。

例えば、ジャムづくりのための農園や福福堂とのやりとり、ラベルの注文、イベント参加に向けた連絡調整や資材調達などの諸準備、外部との交渉、販売先へのジャム納品・請求書等の配布、子どもたちとのジャムづくりやラベル貼りなど、数えあげれば切りがない。しかも、これらのほとんどは教員が通常行う仕事ではなく、「都路キュウリマン」に関わることに限られたことばかりである。高学年を担任したからといって、簡単に引き継ぐことはできない。これらを学校に残していくことなど、到底出来る相談ではないと考えたのである。

では、どこが受け皿となれるであろうか。思案を重ね、たどり着いた答えが「商工会」であった。「都路キュウリマン」の販売促進が「活気あふれる町にするために、町の特産品にすること」を思えば、都路町に残していくことが最善である。商工会には、初代児童からの協力者である高橋公助らがいるのだから、何とかしてくれるという期待感と安心感もあった。そして、幾つかの活動を共に行ってきた一つ下の学年には、思いを継承し、活動内容は違っても、何らかの形でつなげてくれることを期待した。

これまでの収益金は、田村市社会福祉協議会へ寄付することになり、平成三十一年三月十八日（月）に都路小学校の六年教室で贈呈式が行われた。田村市社会福祉協議会からは、職員二名が来校した。子どもたちは、どのような気持ちで、ここに参加していたのだろうか。

そして、「都路キュウリマン」の販売業務は、その一切を都路町商工会が行うことになった。

第六章　未来への期待

一　後輩たちのつなぎ

平成三十一年度（令和元年度）、新六年生となった七名は、「ＭＭ７」（エムエムセブン）を結成し、「都路ピーアール大作戦」というテーマを掲げて、先輩の学びを引き継ぐことにした。「都路キュウリマン」の販売は、都路商工会に委ねられたものの、先輩が残したかけがえのない財産を何らかの形で引き継ごうという強い思いは、だれにも負けてはいなかった。そのことは、五年生の時の「都路キュウリマン」マスコットづくりの活動にも表れている。なんと、使用する綿を綿花栽培から作ろうというのである。自分たちも何か役に立ちたい、何かやってみたいという思いの高まりが、そうさせたのであろう。

小学生の活動としては、一般的ではないかも知れないが、キュウリの栽培から「都路キュウリマン」を開発し、都路の活性化を願いながら改良と販路拡大に取り組んできた姿を目の当たりにしてきただけに、単なるマスコットづくりでは満足できなかったのである。自分たちの手で何かを創り上げる実感や成就感が欲しいのである。何かを願い、その思いを注ぎ込み、手間をかけて出来上がったものにこそ、本物の価値があることを自然に感じ取っていたのかも知れない。

　先輩が活動する姿と実績へのあこがれは、新たな目標を生み出し、学ぶ意欲を確かに高め、志を育むことにもつながっている。これも「伝統が引き継がれる」ことの一つであろう。

　さて、「都路ピーアール大作戦」は、パンフレット作りからスタートした。内容を見みると、行司ケ滝や亀石などの観光名所、灯まつりや三匹獅子舞などの伝統行事、都路ハムやゆいプリンといった特産品、そして、「都路キュウリジャム」の紹介がある。手書きのキャッチコピーが温もりを感じさせ、写真も数多く盛り込まれており、見事な出来栄えである。

〔パンフレット「こっちゃこぉ」〕

都路をＰＲするための活動は、都路のよさを理解する活動であり、これからの都路を考え、自分の生き方を思い描く機会になった。

このパンフレットを活用した取り組みとして、他県での現地ＰＲ活動がある。

その一つは、令和元年八月七〜九日に二泊三日で実施した、「岡山・広島総合学習見学旅行」である。岡山県では、震災発生から都路小学校への継続的な支援を行ってきた岡山操山ライオンズクラブへ学校生活のようすを紹介するとともに、岡山県内での都路ＰＲを依頼した。広島県では、広島駅周辺でＰＲ活動を行った。知らない土地で道行く人に声をかけるのは、想像していた以上に緊張感が高まり、簡単ではなかった。勇気を出して声をかけても、無視されたり、パンフレットの受け取りを断られたりすることもあった。それでも、粘り強く続けていくうちに、「ありがとう」「このパンフレット、みんなで作ったの。すごいね」といった言葉をかけられるようになった。福島県の支援活動を行っ

〔広島市内でのピーアール活動〕

ていうという人にも出会うなど、偶然への驚きとともに、どこかでつながっている喜びを実感することができた。また、原爆ドームの見学を通して学んだことは、復興に向けて頑張る福島と相通ずるものを感じたのではないだろうか。

もう一つは、九月五〜六日（一泊二日）に行った東京方面への修学旅行である。日本橋にある福島県のアンテナショップ「ＭＩＤＥＴＴＥ（見でって）」へ出向いて、ＰＲ活動を行った。広島でのＰＲ活動の経験を生かし、来店者へ積極的に声をかけ、パンフレット配布やインタビューを行うことができた。そのときの感想が次のように記録されている。

> 「福島のために何かできることはないかと思い、このアンテナショップに初めてやってきたら、あなたたちに会うことができて、まるで奇跡のようね」と話す方に出会った。涙ながらに福島への思いを話す方もいた。人のあたたかさを感じた。最初は乗り気じゃなかったけど、やっていくにつれて楽しくなってきたし、都路のことがもっと好きになった。

また、広島と東京でアンケート調査も行った。福島を訪れたことのある人は、広島で十人中二人、東京で十二人中九人であった。残念ながら、田村市を訪れたという人には会うことができず、魅力発信の必要性を改めて実感した。福島のイメージとしては、「自然が多く、人が優しい」という意見が多くあったが、最も多かったのは「震災」や「原発」であり、「予想はしていたが、やっぱり悲しい」という感想を残している。

現地におけるPR活動は、決して楽しいことばかりではなく、田村市や都路の知名度の低さを実感することにもなった。一方で、テーマである「都路ピーアール大作戦」の実現が簡単ではないという認識は、都路を活性化させたいという思いを高める機会にもなり、将来の目標として、「すし職人になって都路に自分の店を持ちたい」「都路の豊かな自然を利用して、おいしい野菜を作って販売したい」「商工会の方々のように、都路を盛り上げる活動に取り組みたい」といった感想が見られた。

二　グランプリ受賞

令和二年二月十一日、成就感にあふれた都路小児童の笑顔が県内一円へ発信された。新聞（福島民報）の一面に掲載された内容と写真である。

地域の課題解決に意欲
49個人・団体たたえる

復興、地域づくりにつながる子どもの優れた取り組みと発想をたたえるため福島民報社が創設した「小中学生まちづくり大賞（ふくしまジュニアチャレンジ）」の表彰式は九日、福島市のザ・セレクトン福島で行われた。最高賞のグランプリに輝いた田村市の都路小「ＭＭ７（エムエムセブン）」（活動部門）と福島市の「ふくしまにぎわいラボ」（アイデア部門）をたたえた。受賞者は地域の課題解決に向けた取り組みを推進する決意を新たにした。福島民報社の高橋雅行社長と審査委員長を務めたふくしま学びのネットワーク事務局長の前川直哉福島大特任准教授が都路小「ＭＭ７」代表の吉田百花（ももか）さん（都路小六年）と、「ふくしまにぎわいラボ」代表の七島海希（みき）さん（福島大付属中一年）にグランプリの賞状とトロフィーを贈った。福島民報社賞五件、金賞五件、銀賞十三件、銅賞二十四件と合わせて四十九件の個人・団体を表彰した。約百六十人が出席した。上位入賞者は活動を発表した。都路小「ＭＭ７」は独自に開発したジャムの魅力を全国に発信した取り組みを紹介した。「ふくしまにぎわいラボ」は市民の防災意識を高めるイベント展開を提案した。福島民報社は二〇一九年度、社会的な課題や郷土の現状に対する子どもの関心を高め、より柔軟な発想で復興と地域活性化を目指してもらおうとふくしまジュニアチャレンジを創設した。今回は活動、アイデアの両部門に県内全域から計百三十三件の応募があった。

最高賞のグランプリに輝いた都路小「MM7」（活動部門）の吉田さん（中央左）とふくしまにぎわいラボ（アイデア部門）の七島さん（同右）。左は高橋社長、右は前川審査委員〔福島民報社提供〕

前川審査委員長をはじめ、伊藤賢一県地域振興課長、高瀬智美県教育庁教育総務課長、武藤浩之桜の聖母学院小副校長、中尾富安福島民

報社常務が審査した。（福島民報・令和二年二月十一日朝刊より）

受賞した子どもたちは、本来の校舎で学校（当時は古道小と岩井沢小）を再開したときの新入生である。あの日から六年間、先輩が頑張る姿とともに、教職員の熱く魂のこもった指導と保護者・地域住民や多くの関係者の惜しみない支援と温かい見守りをずっと感じながら学んできた。その子どもたちが卒業する年に「第一回ふくしまジュニアチャレンジ」が企画され、最高賞となるグランプリを受賞したのである。

あと一ヶ月で、東日本大震災発生から丁度九年になろうとしていた。

三　あの子たちは今

令和二年十二月三十日（水）、「都路キュウリマン『古フィフティーン』交流会」と称して、「都路キュウリマン」を誕生させた子どもたち（当時高校一年生）が都路町第7行政区集会所で再会した。所属する部活動に参加していた二名を除く、十三名が出席した。

高橋公助（保護者）が進行し、吉田篤也（保護者）の開会の言葉で始まった。元古道小学校長の根内喜代重は、挨拶の中で、交流会開催の趣旨や『古フィフティーン』の活動の意義などについて話した。元担任である関根理子は、「都路キュウリマン」の活動が掲載された「小学校家庭科教科書」(東京書籍)を一人一人に手渡し、当時の思い出やこれから期待することなどを語った。

子どもたちからは、「高校の友だちにキュウリマン・クッキーをあげたこと」「初めて親元を離れ、都路のよさを感じたこと」「寮生活をしながら、病院実習も行っていること」「よさこい部に所属し、アクティブリーダーとして都路小の児童と交流していること」「声優を志望し、台本も書いていること」「演劇部に所属し、友達とも仲良くやっていること」「イラスト・漫画コースでがんばっていること」「模擬試験に追われる中で、目標実現に向けて頑張っていること」「ソフトボール部に所属し、全国大会出場が決まったこと」「レギュラーを目指

〔近況と思いを語る高校生たち〕

し、高校野球に明け暮れていること」「赤点を採ってもめげずに頑張っていること」などの近況報告があった。

だれもが臆することなく、自分の思いを堂々と話している。高校進学後も、自信と誇りが持てる自分の居場所をしっかりと築いているのだろう。もちろん、不安や悩みもあるはずだ。それでも前に向かって進もうとしている姿がはっきりと見える。都路中学校の中山智成校長（卒業当時）は、「中学三年生とは言っても、中には友達の進路に左右される者がいないわけではない。しかし、この十五名は自分の進路希望を明確に持っていた」と言う。偏差値や世間が言う高校のランク付けなどに惑わされがちな場合もあるが、この子どもたちにはそれも当てはまらない。この日も、高校の肩書なんかに関係なく、一人一人の話す内容をみんながしっかりと聞いており、だれが、どんな思いを持ち、何をしようとしているのかを理解することが大事なのだという、当たり前のことが自然にできている。

発表を聞いていた保護者の一人が「今の時代は、プレゼン能力が大切なんだ」とつぶやいた。プレゼンテーション能力とは、伝えたいことをしっかり伝えられる力であろう。そのためには、相手が理解できるような論理的な構成とともに、心に響く言葉が必要であり、それは、借り物の言葉ではなく自らの心を揺さ振るような体験や思考から生まれてくる。目的を持った活動を通しての驚きや感動、疑問を持ち、試行錯誤するなどの過程において絞り出されてきた言葉であるから相手の心を動かすのである。この子どもたちの発表は、発する言葉の背景にあるものまで感じさせてくれた。

この日、「都路キュウリマンを開発した当時のことや今の気持ちなどを聞かせてほしい」というアンケートを依頼した。

後日、届いた回答内容（抜粋）には、次のような言葉が見られる。

【心に残っていること】

「総合学習で取り組んできたことが、約五年経過した今でも形を変えて残っているのがとてもうれしいし、驚いている」「都路キュウリマンを灯まつりで販売したとき、お客さんから直接感想をいただいたのがうれしかった」「都路のよさや都路キュウリマンを広める方法などを考えるのは大変だったが、ＦＵＲＵ15一人一人の都路に対する思いと一生懸命さがあったから乗り越えられた」「自分たちが開発したものを初めて販売したときのことがとても印象深い。私たちだけの力では成し遂げることはできなかったかも知れない。地域の方々に支えられ、この活動を行うことができた。あの時お世話になった方々には、感謝の気持ちでいっぱいだ」「初めて販売したとき、在庫が次々に減っていくのが見ていてすごいと思った。本当に自分が体験しているのだろうかと疑いそうな出来事ばかりだった。何よりもＦＵＲＵ15の団結が強まったと感じた」「学習発表会のあとに全員でキュウリジャムを販売したことがすごく心に残っている。地域の人がキュウリジャムを買うとき、すごく笑顔になってくれたし、キュウリマンの着ぐるみを見て、さらに笑ってくれていてすごく幸せを感じた」「栽培を通して食べ物の大切さや野菜を作る大変さを実感した。普段は経験できない栽培ができてとても楽しかった」

【自分についた力】

「一つのことを多方面から見て考える力。グループ活動などで、全体を見て進行状況を確認しながら動けるようになった。キュウリマンの活動を始めてから、より都路を大切に思うようになった」「たくさんの方との交流を通してコミュニケーション能力の基本が身に付いた。他校生や企業の方と話すときなど、この力は私に大きな影響を与えてくれた」「アイデアなどを創造する力や行動力が身に付いた」「努力すれば何でもできるというチャレンジ精神の大切さを学んだ。高校生になった今も、無理だと思うことにも、あきらめずにがんばろうと思える心の支えになっている」「積極性、人とのふれ合い方」

【将来の自分、夢、今、頑張っていること】

「興味がある仕事は、経営コンサルタント、中・高の先生、公務員で、高校生になって頑張っていることは勉強です。学習内容の量が多く、中身が濃いだけでなく、教科によってはスピードがとても速いので大変ですが、志望校受験に向けて学力を上げられるように毎日頑張っている」「ゼネコン、もしくは公務員を目指して、勉強をがんばっている。勉強が一気に難しくな

〔久しぶりに顔を合わせた「古フィフティーン」〕

り、とても大変だが、今のうちに基礎を身につけ、今後つまずかないようにしていきたい」「正直、やりたいことがはっきり決まっていないが、声や音、映像などいろいろな作品を作ってみたい」「臨床心理士になって、自分が救えるだけたくさんの人を救いたいし、助けたい」「人のために活躍できる人になりたい。夢は明確に決まっていないが、医療関係の職に就きたい」

【関根理子先生へ】

「私たちと都路キュウリマンの活動を進めてくださり、卒業した後も続けてくださったこと、ありがとうございました。普通の小学生ができない経験をしながら、地域のために活動できたことは、今でも自分の自信になっています。今でも「たのしかったなあ」とか「あのメンバーでできて良かったなあ」と思うことがあります。本当に先生が担任の時にこの活動ができて良かったです。また、みんなで集まりましょうね」「先生が提案してくれなければ、今ごろ都路キュウリマンはなかったと思います。この活動は私にとってとても誇らしく、一生思い出として記憶に残っていくと思います」「畑を使えることになり、ここまで大きな出来事になったのは先生の指導があってこそのことです。いろいろな経験のおかげでできることが増え、楽しく過ごせています」「はじめは、こんなもの（キュウリジャム）売れるわけがないからやる必要ないだろうと思っていたけど、この活動を通して大勢の人の笑顔が見られてすごく良い経験でした。先生は世界一の最高のあこがれの先生であり、人としてもすごく尊敬しています。私も将来たくさんの人を笑顔にできる人間になります」

【後輩や地域の人たちへ】

「私たちＦＵＲＵ15の活動を引き継いでくれて、ありがとう。思いをつなげてくれて本当に感謝です。今やっている活動が役に立つ場面がきっとくると思うので、一生懸命に目の前のことを頑張ってください。応援しています」「キュウリジャムにしばられず、いろんな面から地域の人を笑顔に、そして助けられるような活動を増やしてください」「もっと愛される都路になれるように、みんなで頑張って盛り上げていきましょう」「いつも温かく見守ってくださり、ありがとうございます。私たちＦＵＲＵ15が自分たちのやりたいことを形にできたのは、みなさんの支えのおかげです。ありがとうございました」

アンケート調査の結果は、古道小学校が目指した教育が誤りではなかったことの証しとも言える。

なぜなら、子どもたちの中には、自分の居場所への自信と誇りが確かに育まれているからである。「小学生の時の活動が、今でも自分の自信になっていて、とても誇らしい」、「地域の人が笑顔になってくれて、幸せを感じた」と語り、「共に都路を盛り上げ、愛される都路をつくるためにみんなで頑張ろう」と呼び掛けている。都路を心から好きになったのである。

その要因の一つとして、本気が見える人とのかかわりがあげられる。

関根教諭は、子どもたちとの学びを通して、「教師が本気になれば子どもも本気になる」と話しているが、「学ぶ」という教育環境において最も大切なものは、「人」である。学んでいる姿を見せてくれる、学びたいという思いを掻き立ててくれる、学ぶことの大切さを理解させてくれる、必要なのは「人」である。

都路には、そういう本気が見える大人たちがいた。保護者やその家族、地域の人、都路の復興を支えようと奔走する人など、地域の未来を創ろうと努力を惜しむことなく活動する人たちの存在があった。何かを求めて懸命に生きる。誰かのために役に立つことに喜びを感じる。そのことに年齢差などは関係しない。創造は、求め続けるところから生まれるのである。学校は、都路で生きるそういう人たちと子どもたちをつなぎ、互いの姿が見えるようにしたのである。特に、その人たちのもつ知識や技能、目に見える業績や功績だけでなく、その思いや願い、未来を創るために生きている本気の姿、その人がもつ志のようなものを感じ取らせようとしたのである。

多くの人との質の高いかかわりが、自らも人や社会のために役立ちたいという志を育んできたからこそ、いつの時も自らの未来を真剣に考え、そこに向かって懸命に努力できるのである。目指す職業の理由として、人を救いたいし、助けたい、人のために活躍できる人になりたいというのも一例であろう。

また、小学校の学びを通して身につけた力を、自らがとらえているということに驚かされる。高校生活の中においても、それが自分の生きる支えになっていることを実感しているのである。つまり、子どもたちが「つけた力」を実感できる教育（学び）が行われていたと言えるのではないか。

学校とは、紛れもなく子どもが学ぶ場であり、誰もがその重要性を認識し、どこの地域にもつくられてきたが、少子・高齢化の加速に伴い、全国的に学校の統廃合が進み、限界集落と称される地域も数多く出現している。今、地域がつくり上げてきた学校が消滅し続けているのである。福島の原発事故は、それらに拍車をかけ、住民の割り切れない思いを膨張させ、地域における学校の存在意義について問いかけ続けている。

だれの心の中にもずっと存在し続ける学校。いつとはなく思い出し、世代を越えて話題にできる。懐かしいという範疇を超え、かつての学校生活への自負や誇りのようなものを蘇らせてもくれる。そして、年齢を問わず、今の自分にも学べるもの、何か挑戦できるものがあるはずだという、前へ踏み出す勇気さえも与えてくれる。

都路が大好きで、都路の未来を創ろうと活動する子どもたちと関わった住民たちもまた、忘れかけていた地域のよさや未来への可能性、生きるために必要な熱い魂のようなものを取り戻していたのではないだろうか。やる気に満ちていたあの頃を想起しながら、人生の新たな目標をつかみ取ろうとしていたのではないだろうか。

人は生きている限り、自分への期待をあきらめない。老いを感じながらも、何かを求める思いが決して消え去ることはない。そうした大人の姿を感じることは、子どもにとってかけがえのない学びの機会なのである。

どのような場所であっても、そこに人が存在し、生活がある限り、学ぶ場は必要である。次代を生き抜く力をつけるために、過疎地域や中山間地域、地方にあることで不利益を被ったり、学べないものがあったりするのではなく、むしろ、それを強みとした学校づくりはできないものであろうか。

都路の小さな小学校が地域の未来を創ろうと取り組んだ学びの中に、それを実現する何かが隠されているように思うのである。

この子らが切り拓く未来に期待したい。

注釈

（注1）「知事メッセージ」に盛り込む「震災にまつわる体験や今の状況、今後進むべき未来など復興へ想い」に応募するために書いたものである。
（注2）3月17日（木）付け「東北地方太平洋沖地震発生に伴う安全措置対応について（第四報）」（市教育長）
（注3）「学校再開の軌跡」（古道小学校長　平成27年3月発行）より抜粋
（注4）「少年の主張発表大会都路地区大会」（平成26年6月23日開催）での六年生の発表より抜粋
（注5）「みやこ旅館」は、創業90年以上になり、囲炉裏を囲んだ料理が自慢で、季節に合わせた飽きの来ない食事を提供しており、長期滞在やビジネスでの利用など町外からの来客も多い。三代目となる吉田幸弘さんは、避難指示解除後に逸早く帰還し、震災前から始めていたカジカの放流や梅花藻を育てる活動を継続するなど都路の復興に向けて多岐にわたり尽力している。
（注6）「東日本大震災復興記録集ふくしまの絆2」福島県小学校長会　平成29年3月発行
（注7）中央教育審議会の答申「子どもの発達や学習者の意欲・能力等に応じた柔軟かつ効果的な教育システムの構築について（平成26年12月22日）」より
（注8）「よりあい処　華」は、日本大学工学部の学生や田村市復興応援隊などの協力を得てオープンした。食事の提供だけでなく、地域住民の趣味活動や団らんの場であり、ミニ講演会やお話会などのイベント開催、首都圏を含む学生の活動拠点でもあるなど、コミュニティスペースとして貴重な場所になっ

ている。

（注9）「愛都路（メトロ）の会」は、都路を愛する意味で「愛都路（メトロ）の会」と名付けられた。平成のはじめ頃に開催された「都路マラソン大会」で、古道新町地区の女性が中心となって豚汁などの温かいものを振る舞ったことが会発足のきっかけであった。その後も都路灯まつりへの参加や高齢者の食事の世話などを行うとともに、東日本大震災による避難生活者へのつるし雛づくりに取り組むなど精力的に活動している。

（注10）「みゃーこちゃん」は、震災後に都路の地元の方々が作っているキャラクターで、ねこのマスコットである。名前の由来は、「みやこじ（都路）」という地名と猫のなき声を兼ねており、犬のマスコット「こーじくん」も作られている。1匹1匹手作りなので、顔の表情も体の模様もみんな違っており、中には洗濯バサミとマグネットが入っているので、メモを挟んで冷蔵庫につけておくこともできる。桜美林都路プロジェクトが大学祭で展示・販売したり、都路にある障害者福祉施設「やまびこ」でもオリジナルキャラクターが作られているなど、復興の一躍を担っている。

（注11）「旧大久保小学校（都路町古道字春日前54）」は、明治8年4月30日に渡辺伴内の家で開校。昭和35年には152名の児童が在籍した。平成2年に屋上プールを備えた統合前の校舎が完成した。和太鼓の誕生は、2001年に開催された「ふくしま未来博」において、「大久保和太鼓研究会」（代表　宗像邦司）と大久保小学校全児童（23名）が一緒に参加・演奏したことを機に、大久保小学校において和太鼓指導が始められたことにある。

（注12）「古道の風（こどうのかぜ）」は、平成29年4月の都路小学校（古道小学校と岩井沢小学校が統合）の誕生後、「都路の風」と改名され、演奏されている。

（注13）田村市復興応援隊は、避難指示解除後、急激な過疎化・少子高齢化に見舞われた都路町の復興を支えるために、田村市が総務省の復興支援員制度を活用して平成25年7月に発足した。

（注14）田部井淳子は、日本の登山家。福島県田村郡三春町出身。女性として世界で初めて世界最高峰エベレストおよび七大陸最高峰への登頂に成功した。

（注15）納得解とは、自分が納得でき、かつ他人を納得させられる解のことである。「幼稚園、小学校、中学校、高等学校及び特別支援学校の学習指導要領等の改善及び必要な方策等について（答申）」（平成28年12月21日中央教育審議会）〈抄〉では、答えのない課題に対して、多様な他者と協働しながら目的に応じた納得解を見いだせるのは人間の強みであるとし、２０２０年からの新学習指導要領では、「納得解を考える力」を育むことを目指すとしている。

（注16）「福福堂」は、里山の風景が広がる福島県田村市滝根町で、無農薬無化学肥料栽培にこだわり、有機認証　ＪＡＳ　を取得した黒米を中心に、エゴマや小麦、ブルーベリーやラズベリーなどを栽培し、加工・販売まで行っている。福島県食育サポーターとしても活動し、農業体験も開催している。第6回ふくしま産業賞　特別賞を受賞。代表　稲福由梨。二〇一三年設立。

（注17）「みやこじスイーツゆい（MIYAKOJI sweets yui）」は、平成28年3月24日、福島県田村市都路町に都路町産の食材を使った洋菓子店としてオープンした。『都路町の特産品をつくろう！』というスロー

ガンのもとに始まった「都路町商工会6次産業化プロジェクト事業」。地場産品である「都路のたまご」や「じゅうねん（えごま）」を使用し、安全でからだにやさしいお菓子を提供するとともに、都路町から、福島県、そして全国の方に笑顔を届け「人と人とをつなぐ」をモットーにしている。

（注18）「大富久屋」は、株式会社ダイフクコーポレーションの建設会社で、事業所は福島県田村市都路町にある。

（注19）「泰平」は、東日本大震災発生以前から都路町で営業している中華料理を中心とした大衆食堂であり、美味しさとともに気軽に立ち寄ることができる雰囲気が人気を集め、町民をはじめ、来町者にとって欠かせない食事処となっている。

（注20）「伏見珈琲店」は、2015（平成27）年、福島市栄町で創業。福島駅東口再開発事業により、2022年3月31日で全店舗を閉店。同年5月8日、曾根田駅駅舎内に移転オープン。福島市曽根田駅のレトロな雰囲気のなかで自家焙煎の珈琲豆を使用し、コーヒー豆の特徴を十分に生かしたコーヒーを多様な飲み方で楽しめる店である。

（注21）「ふぁせるたむら」は、JA福島さくらの農産物直売所で、地元の新鮮野菜や加工品を販売している。所在地　福島県田村市船引町

（注22）「アメイゾン」とは、タイ国で山岳地帯に住む人々の暮らしを支援するために始まったロイヤルプロジェクトが発祥。コーヒー豆栽培を支援するために購入したコーヒー豆をタイ全土で店舗展開して生まれたカフェで、タイ国内に4500店舗ほどある。震災復興を願い、川内村に日本で初めて出店した。

毎月くらいに限定メニューがあるほか、時折イベント出店されいる。

（注23）「都路町商業施設Ｄｏｍｏ（ど〜も店）」は、田村市都路町に平成26年4月オープン。都路町地域の生活利便性と地域コミュニティー確保のため整備され、食料品を中心とした生活必需品、酒・たばこ、地場産品などを取り扱っている。

関連年表（古道小学校）

西暦	年月	沿革	児童数	主な出来事
一八七三	明治　六、一二	古道小学校設立（円寿寺借用）	不明	明治五年学制発布
一八七五	八、九	古道字新町八番地へ校舎新築	不明	
一八八七	二〇、四	古道尋常小学校と改称	七六	
一九一二	四五、七	古道字新町二四番地（現在地）へ移転	一六五	
一九二一	大正一〇、七	高等科設置	二四八	
一九四一	昭和一六、四	古道国民学校	二四八	十二月太平洋戦争勃発
一九四七	二二、四	古道小学校、都路中学校併設	三九六	新制小学校・中学校発足
一九五一	二六、一〇	都路中学校独立校舎新築移転	四〇六	
一九六〇	三五、一	校歌制定	五〇二	

関連年表（古道小学校）

一九六一	三六、一	校章制定	五〇一	
二〇〇五	平成一七、三	田村市立古道小学校と改称	八三	田村市発足（都路村を含め四町一村が合併）
二〇〇八	二〇、四	大久保小学校（都路地区）と統合	八七	
二〇〇八	二〇、八	新校舎完成	八七	
二〇一一	二三、三	仮校舎（旧石森小学校）へ移転	九五	東日本大震災発生 都路地区全域避難指示
二〇一一	二三、九		九二	緊急時避難準備区域解除（20～30㎞圏内）
二〇一四	二六、四	本来の校舎で学校再開	六六	都路地区20㎞圏内避難指示解除
二〇一七	二九、三	古道小学校閉校	四八	
二〇一七	二九、四	都路小学校開校（古道小と岩井沢小が統合）	五七	
二〇二四	令和六、四	現在	二八	

あとがき

山間部の小さな学校であっても、この学校で学んで良かったという自信と誇りをもたせたい。そのためには、ここにある教育資源を最大限に活かした教育を実践し、生きるために必要な確かな力をつけることだと覚悟した。その実現に向けて、教職員は、それぞれの立場で真摯に職務にあたり、さまざまな教育活動を展開した。「都路キュウリマン」は、そうした基盤があってこそ誕生したものであり、多くの人の支えの中で成長し、学校が目指した教育の象徴的な実践事例の一つとなった。

「都路キュウリマン」の誕生に関わり、異動後も教職員や保護者、地域住民や関係者から時折相談を受けるなど、その思いや願いをずっと感じながら、子どもたちの成長を見てきた私には、その背景や経緯を含め、確かな記録として残す責任があるのではないか。そんな独り善がりの決意を自らに言い聞かせながら執筆に臨んだのであるが、一つの形となったことは、感謝と安堵の思いである。本記録が未来を創った当事者や関係者のさらなる自信と誇りに繋がるとともに、何らかの形で地域復興の参考となるのであれば、これ以上の喜びはない。

ここに至るまでには、本当に多くの方々にお世話になったが、関根理子教諭のご協力があったことは言うまでもない。特に、第四章と第五章については、関根教諭の記録と資料をもとに当時を思い起こしていただきながらまとめたといっても過言ではなく、多忙な中にありながら快く対応いただいたことに心から感謝を捧げたい。

そして、「都路キュウリマン」を誕生させた初代児童のみなさんには、高校生となってからも当時のことやこれからの思いを語っていただいた。凛とした姿と心に響く言葉が目指した教育が間違いではなかったことの確信となり、原稿にも一つの芯が通った。併せて、このような都路の未来を見つめ直す集いを設定いただいた吉田篤也さん、高橋公助さんにも感謝を捧げたい。

また、執筆にあたっては、次のみなさんからさまざまなご意見や資料提供をいただいたことに心から御礼を申し上げたい。

地域の先生でもある加藤リツ子さん、今泉富代さん、渡辺徳子さん、今泉清司さんには、第一章の震災発生当時から学校再開後を含めたさまざまな取り組みと当時の思いや願いなどを伺うことができた。特に第三章の「もう一つの教室」については、座談会を開いて当時を振り返っていただき、地域と学校の具体的なかかわりがより鮮明になった。

第二、三章については、学校再開を共に汗してやり遂げてきた関口和夫教頭（元福島市立鎌田小学校長）、林裕一教頭（現・いわき市教育委員会総合教育センター主任指導主事兼研修調査室長）はじめ、当時の教職員の皆様から貴重な感想記録やお話を伺うことができた。

第三章の「伝統和太鼓の復活」については指導者である坪倉新治さんへ、第四章のキュウリジャムの開発・販売については稲福由梨さん、伏見俊哉さんへ、第五章の学校給食への提供については、志賀敦子栄養教諭から直接お話を伺い、当時の子どもたちが学びに向かう姿と関係者の皆さんのかかわりをより具体的にイメージすることができた。

第六章については、安瀬一正都路小学校長（平成三十一～令和三年度）から「小中学生まちづくり大賞受賞」に関係する資料提供や他県での都路ピーアール大作戦の取組状況などを伺うことができた。

また、執筆にあたり、それぞれの方法でご支援、ご協力いただいた方々のお名前を敬称抜きで列挙させていただき、改めて感謝を捧げたい。

東郷知沙（ＪＩＣＡ本部勤務）、富樫喜重郎（農業経営者）、中岡ありさ（当時　田村市復興応援隊）、松本道男・松本正男（松本農園経営）、吉田美恵子（泰平店主）、吉田幸弘（みやこ旅館店主）（※五十音順）

執筆にあたってお世話になった多くの方々とともに、執筆に向かわせた背景には、学校再生に向けて多くのご指導とご示唆をいただいた方々とのかけがえのない出会いがあったことを、感謝を込めて紹介させていただきたい。

福島大学名誉教授　境野健兒先生と早稲田大学教授　細金恒男先生が来校した際に、「校長先生、ここの問題は、日本の問題なのです。統廃合を迫られている学校は全国各地にあり、これからもっと増えてきます。小さくても魅力ある学校づくりをしていきませんか」という言葉をいただいた。

衝撃的であったが、歓喜の言葉でもあった。大規模校をよしとする風潮の中で、どんなに心強い言葉であっただろうか。学校再生の鍵は地域にある。地域に内在する教育的価値を見出すことだ。同時に、ここにないものからの学びを積極的に取り入れていかなければならない。それが、生きる力を育み、保護者の不安解消にもつながる。目指していることは間違ってはいないという確信と勇気をいただいた。境野健兒先生には、その後も数々のご指導、ご助言をいただき、感謝の言葉もありません。

お茶の水女子大学名誉教授　増田優先生と懇談させていただいた際には、「校長先生、どんなことでも協力しますからいつでも連絡してください。全国各地から仲間が支援に伺いますよ。経費などは一切いりません。条件は一つだけ、根内校長が本気かどうかです」という言葉をいただいた。

「本気か」という言葉は、心に重く響いた。「子どもたちのためになり、地域の未来につながるなら、どんな力もお借りしたい」そう思って、復興庁福島復興局次長（当時）である福島伸一郎氏に一席を設けていただいたが、どれだけの覚悟を持っていれば「本気」と言えるのであろうか。この日から、自問自答の日々が続いた。学校経営のスローガンにも「本気」を加えた。自らの本気度を常に意識し、本物を見極める目と事に臨む確かな覚悟を持つために。それがなければ、安易にはお願いできない。増田先生との出会いから一年余りで異動したこともあり、依頼するまでには至らなかったが、この「本気か」という言葉は、その後の学校経営においても、自らの人生においても、判断・行動するうえでの重要な拠り所となった。

東日本大震災の体験は、大きな衝撃とともに、想定外の事態に対する危機対応の必要性をこれまで以上に強く印象付けた。学校現場へも、学校教育を根底から見直し、学びをどのように構想・実践していくのかを真剣に考えるべきであることを突き付けた。

「今の教育でいいのか。校種を越えて語り合おうじゃないか」その思いが、当時の高橋秀章小野中学校長と渡辺譲治小野高等学校長との貴重な懇談の場を生んだ。

震災を体験したからこそ必要な教育などについて論議する中で、子どもが真剣に考える学びが必要であるという思いがますます高まってきた。思考力・判断力・表現力の育成と簡単に言うが、本当に知りたい、考えたいという思いがなければ、主体的・対話的で深い学びもそれなりのもので留まってしまう。学びにリアリティ（真実性や現実性）がほしいのである。そのために小学生であっても何かできることがないかという思いが一層強まった。

後日、渡辺譲治校長から「地元学をはじめよう」(吉本哲郎著二〇〇八年発行）という一冊の本を頂戴した。水俣病問題を抱えながら地域復興に立ち向かう人々を描いたこの著書は、子どもが生き生きと学ぶ教育を構想するうえで大いに参考となった。

例えば、都路キュウリマン実現のきっかけもその一つであり、関根理子教諭との次のような会話を記憶している。

「子どもたちが本気で取り組める学びがなければ、国も県も毎年のように課題としてあげている思考力・判断力・表現力を高めることなんかできない。例えば、すずらん農園で野菜を育てて収穫できれば、一定の喜びや充実感はあるだろう。でも、収穫した野菜で料理を考えてメニューを開発する、商品化だってできるかもしれないという目標（夢）を掲げたらどうだろう。子どもたちの興味・関心や学ぶ意欲は格段に高まるはずである。実現させるために自ら課題を見出し、多少の困難があったって本気で考え粘り強く解決に向けて取り組むのではないだろうか。商品化できて売れれば収益が出る、お金の使い方だって考えなければならない。そういう本気の学びができたらいいね。そのためなら、何をやっても良いんだよ」

「校長先生、そんな夢みたいなこと、できませんよ」

「やってみなければわからないよ」

関根教諭は、「そんな夢みたいなこと」を見事に実現させたのである。

さらには、多くの方々のご支援が執筆に向かわせる後押しとなった。

平成二十八年五月二十八日、岡山操山ライオンズクラブの榎本明会長から届いた手紙に、「我が岡山操山ライオンズクラブは、来期からも古道小学校を支援していくことを全員一致で決定いたしました」の一文があった。私は既に他校へ異動していたが、平成二十七年十二月三日に来校いただいた際の約束が正式に決定したことの知らせであった。改めて感動がこみ上げてきた。田村ライオンズクラブのみなさんとともに、震災発生時からずっと支援いただいてきたことが、子どもたちはもちろん、学校や地域のみなさんにとってどれほど励みになったことか、心から感謝を捧げたい。

また、学校再開にあたり、忘れてはならない人物として、渡辺チイ子さん（二〇二四、一、七ご逝去）がいる。古道小学校の卒業生で埼玉県に在住しており、「都路への恩返し」と称して、三十年以上にもわたって物心両面からご支援をいただいてきた。様々なご苦労をされながら歩んできた人生であるが、今があるのは古道小学校での学びと都路で多くの人に支えられたおかげであり、そのことを決して忘れてはならないと母から強く言われてきたと語る。渡辺チイ子さんは、子どもたちへ学校や都路に対する自信と誇りを育むうえでのレジェンド的存在であった。

なお、古道小学校・都路小学校に在職した教職員の皆様はもとより、加藤久生ＰＴＡ会長をはじめとする保護者や地域の皆様との出会いとその支えがあったことは申し上げるまでもありません。

終わりに、学校再開時の教職員や保護者、地域住民の思いを受け止めながら、統廃合の時期を乗り越え、三年間にわたって目指した学校づくりを繋いでいただいた平塚裕一都路小学校長（平成二十八〜三十年度）のご尽力に感謝と敬意を捧げたい。

二〇二四年六月

根内　喜代重

引用文献

「学校再開の軌跡～未来への礎に～」（平成二十七年三月発行、　発行者　福島県田村市立古道小学校長）
「学校再開二年目の軌跡～地域が育て地域で育つ教育の実現を目指して～」（平成二十八年三月発行　発行者　福島県田村市立古道小学校長）

著者紹介

根内　喜代重（こんない　きよしげ）

1959年福島県生まれ。明星大学人文学部心理教育学科卒業。1983年福島県公立学校教員。2011年の東日本大震災発生時には、田村市教育委員会主任指導主事として学校教育の正常化に向けて対応にあたる。2014～2015年田村市立古道小学校長、地域の教育力を活かした特色ある教育を推進する。2019年定年退職（田村市立大越小学校長)。2020～2022年田村市教育委員会外部評価委員。2021～2023年都路中学校区学校運営協議会長、都路小学校及び都路中学校の小規模特認校制度導入（2024年度）に尽力する。2022年からＪＡ福島さくら監事、2023年から田村市教育委員に就任し現在に至る。

未来をつくる小学生

～震災が問いかけた都路の学校と地域～

2024年12月1日　第1版第1刷発行

著　者　根内 喜代重
発行者　鶴見 治彦
発行所　筑波書房
東京都新宿区神楽坂２－16－５
〒162－0825
電話03（3267）8599
郵便振替00150－3－39715
http://www.tsukuba-shobo.co.jp
定価はカバーに表示してあります

印刷／製本　中央精版印刷株式会社

ISBN978-4-8119-0681-2　C0036